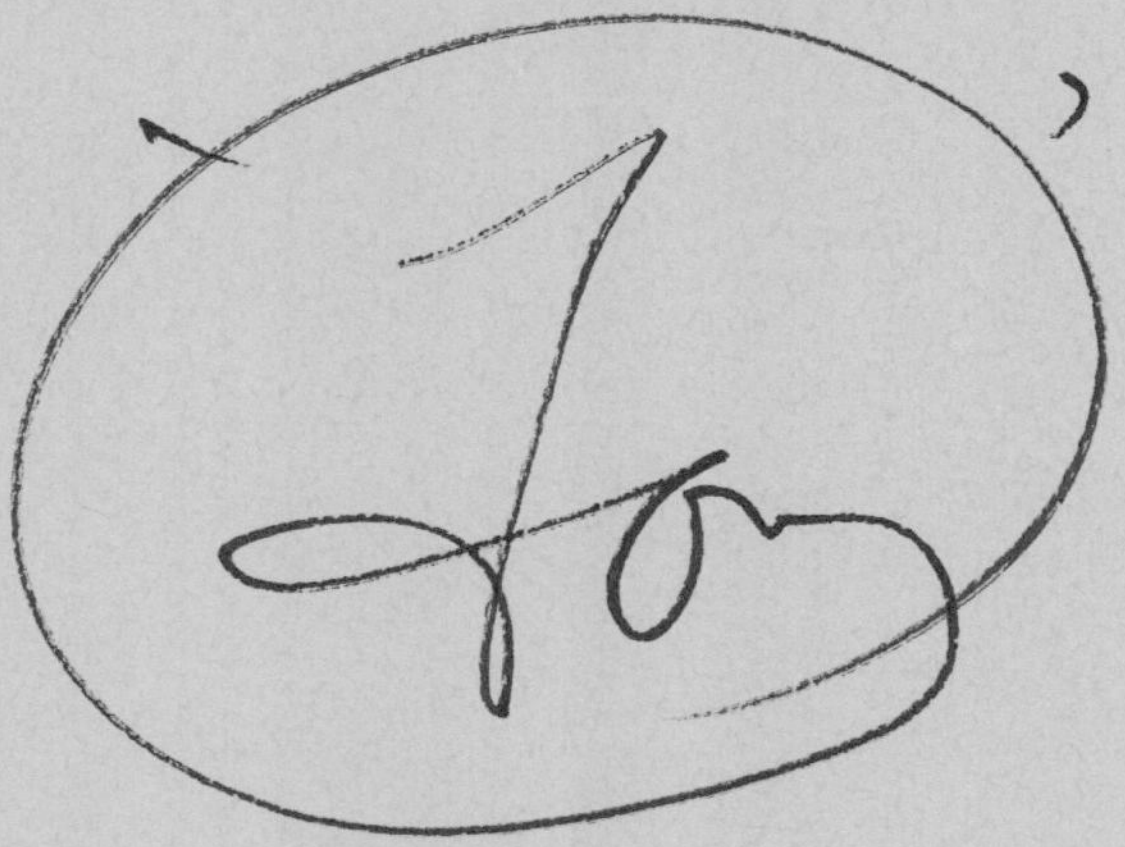

2005.12.9

トニー流

幸せを栽培する方法

トニー・ラズロ 著
小栗 左多里 画

まえがき

この惑星には現在、約70億の人間が住んでいる。そして大なり小なり、誰もが幸せになりたいと願っている。

さて、みんなが同じように幸せになれるのかどうか?

冷静に人間の歴史を振り返れば、それはかなり難しいことと認めざるを得ない。しかしそれでも、ずっと幸せでいたい者の一人として、「無理ではない」と答えたい。

人類全体にぴったり合う、たった一つだけの「フリーサイズの幸せ」が存在するとは思わない。むしろ、幸せを手にする多くの人は、複数の価値観や知恵、教え、そして経験を組み立てるようにして、自分だけの「オーダーメイドの幸せ」の道を作り上げてきているような気がする。さらにそれは、意識を持って行われる場合と、無意識に行われる場合があるようにも思える。

まったく違う文化でも、まったく異なる言語でも、どこか共感できる「教え」というのはたいていあるものだ。本書では、僕が今まで大切にしてきた知恵や考え方を、「幸せへの道しるべ」として紹介する。

オリジナルの「幸せへの道」をこれから開拓したい方、あるいは更新や確認をしたい方のお役に立つなら、幸いです。

では、お幸せにどうぞ。

二〇〇五年　秋

トニー・ラズロ

目次

トニー度診断

実の章

トニー流
幸せを栽培する方法

芽の章

芽の章

01 「嫌い」は禁止

トニーの胸の内

「『嫌い』と言うな」――。

僕は両親に、「嫌い」という言葉を使わないよう育てられた。

「好き」の反対は「嫌い」ではなく、「好きじゃない」と考えなさいと。「つまらない」とか「最低」、「不愉快」、「最悪」という言い方は許されていた。しかし、なぜか「嫌い」だけはいけなかった。


子どもならたいてい好き嫌いはある。僕にだって好きじゃない色、本、ゲーム、授業など、いろいろあった。ウマの合う人合わない人も当然いた。でも、いつも宿題てんこ盛りの先生や、「金寄こせ！」と迫ってくる不良少年がいたとして、そんな人たちへの思いを表現するにも、「嫌い」は禁止だった。

今考えれば、これはちょっと行き過ぎた躾《しつけ》だと思う。でも、子どもの僕は従順に従っていたものだ。

両親は、子どもにだけお仕着せのように「嫌い」という言葉を禁止していたのではなかった。彼ら自身も決して口にしなかったのだ。だから、これは躾というより家訓とでも言おうか。うちでは、厳格にみんながそれを守っていて、破られたことは記憶にないほど、めったになかった。

この「嫌い禁止令」は、とりわけ食べ物に関して発動された。

わがままは一切聞き入れてもらえず、食卓に出されたものは全部きれいに食べるというのが我が家の原則。これがしっかり身に付いて、今でも何でも食べるし、どんな国に行っても、食べ物に関する抵抗感はほとんどない。

子どものころからもう何十年もたって、僕は日本に暮らすようになったわけだけれど、つい先ごろ、母がはじめて遊びに来た。『嫌い』は禁止」と「食べ物は何でも食べろ」という価値観を僕に植え付けた母だ。

日本はなにぶん母にとってははじめての国である。やはり、念のため食べ物のことだけは確認しておかなければならないだろうと思った。以下、僕と母の会話。

「どうしても食べられそうにないものはない？」

「なんでもOK！」

「本当？」

「ただ、生の魚はちょっと……」

「焼き魚とか煮魚なら大丈夫？」

「それなら問題ないわ」

「じゃぁ尾頭《おかしら》付きの魚は？」

「……」


尾頭付きの魚料理は、お箸を使えば骨もあまり気にせずに美味しく食べられる。が、ナイフとフォークを使ってきた人にとってはけっこう食べにくいものだ。そこで、ムニエルやテンプラならいけるだろうと判断し、予約していた和食の店に電話して、母の口に合いそうにないものは取り替えてもらった。

僕としては最善を尽くしたつもりだったが、それでも来日後の母には、「どうしましょう！　これを食べるのね？」という驚愕の日本食体験がいくつも待っていた。長

年の習慣もあって、「嫌い」とは決して言わなかったものの、さすがに「なんでも残さずに食べるわよ」というわけにはいかなかったのだろう。

彼女がはじめて覚えた日本語は――「危機」だった。

こんな言葉も参考に

- 耐えるのが必要でも、「好き」といって耐える必要はない（ブルトン語の諺）
- パンが見つかればその場所に座ろう。チーズが見つかればそこで働こう（アルメニア語の諺）

左多里のつぶやき

「嫌い」と言ってしまうことで、

「自分は これ（この人）が嫌いなんだ」と
自覚してしまうような気がする。

口に出すと、この 世に
その気持ちが存在してしまうから。

表現をゆるめておいた方が、
その評価を訂正する
余裕があるのかも。

「嫌い」と言わない「だけ」ということに
なる感もありますが…

芽の章

02 ほどほどに

Χρυσός μέσος όρος

黄金の中庸《ちゅうよう》を

古代ギリシャの思想

毎日口にする食べ物や飲み物、そして薬。「嫌いと言わず、なんでも試してみる」という価値観が身に付いた僕だが、何をどのくらい摂るのが健康にいいのか、実に迷う。「情報化社会」になればなるほど、その悩みは大きくなっていく気もする。

僕には今のところ、コーヒーや、二、三種類のお茶などを毎日必ず飲むという習慣がある。なので、特に「カフェインと健康」には関心がある。しかし、これだけ世の中に情報があふれていると、「真実」を知るのはなかなか容易なことではない。

ニュースで「カフェイン入りの飲み物は胃潰瘍《いかいよう》を起こす」と聞くと、長年愛飲してきたコーヒーや紅茶を急に控えなくてはならない気分になる。その一方で、「カフェインはパーキンソン病を防ぐらしい」という説も報道される。それならやはり、よく飲んでおいたほうがいいのか？

また、頭痛薬に含まれるアスピリンは健康に悪いと聞くけど、心臓病を防ぐとも考えられている。果たして、頭痛がしても薬は飲まないほうがいいのか、それとも心臓のためにあえて頻繁に飲んだほうがいいのか？

去年は健康に良かったものが、今年は悪くなったりもする。そんな変更になかなかついていけない。僕はだんだんと疲れてきて、健康食品情報にはあまり耳を傾けなくなってきた。なんせ、自分の食習慣をしょっちゅう更新するような人生は、あまり幸せだとは思わないし。

そんな中、「黄金の中庸《ちゅうよう》」という古代ギリシャの概念に目を向けた。これは、数学や芸術などどにも見られる基本的価値観みたいなものだが、僕は、アリストテレスが紀元前300年あたりに唱えた、それに関連する発想が特に気に入っている。簡単にいえば、「過度と不足の両極端を避けるようにして、『ちょうどいい』を目指せ」というものだ。出しゃばりすぎるのも、そして謙遜すぎるのも悪。ユーモアの感覚にしても、ふざけてばかりはいけないが、つまらないやつになるのもよくない。「ちょうどいい」を目指すのがちょうどいい、と説いた。

このときアリストテレスは、主に人間の性格上のことについて論じた。しかし、ほかの方面にも当てはまるのではないかとして、たとえば食べ物や飲み物などに関しても、摂取するのに「ちょうどいい」という量があると主張した。

そこで問題になってくるのが、「どのくらいがちょうどいいか」ということ。もちろん、すでに政府当局などが多くの商品に関して「この量なら安全」とか「毎日少なくともこのくらい」という基準を発表している。それは「摂取の過度」と「摂取の不足」を把握するのに重要。でも、アリストテレスも強調したように、「黄金の中庸」は時と場合に応じて、一人ひとりで判断して決める必要がある。

僕の場合、食べ物、飲み物などに関しては、その種類をなるべく多くして、大好きなものも、あまり好きでないものも、みんなほどほどに摂るよう心がけている。ずっと長い間食べていないものをスーパーで見つけたら、「久しぶりだから食べておこう」というノリで買ってみる。同じ食品でもメーカーを変えるとか、意識してバラエティをもたせるようにしている。逆に、頻繁に摂取しがちなものは控えめに。考えてみれば、こうして自分が毎日食べる分量の中にいろいろな栄養素を持った多くの食材を含めていくことは、株を売買する人たちの「ヘッジ」†という発想に似ている。言うなれば「ヘッジ型 黄金の中庸」。

†：本来は「回避する」という意味。株や為替の世界では、何らかのリスクへの対応を示す。

赤ワインと白ワインのどちらのほうが健康にいいのか。仮説がころころ変わるので、とりあえずどちらも飲もう。最終的に、健康により良いのは白だったとはっきりわかれば、「まあ、それもある程度飲んできたんだ」と自負できる。

ビールを飲む人は、「やっぱり○○に限るよね」と、いつも一番好きな銘柄を注文するようだが、「ヘッジ型 黄金の中庸《ちゅうよう》」方式だと、この銘柄あの銘柄と代わりばんこで飲んでいくことになる。

もちろん、何でも「中庸」を目指せばいいというわけではない。摂れば摂るほどいいものも、明らかに避けたほうがいいものもある。変な話だけど、「中庸」もほどほどにすべきなのだ。

こんな言葉も参考に

- **ほどほどにするよりは、完全に断つほうがやりやすい（アウグスティヌス）**
- **「働きたいな」という気分になったら、しばらく寝てみよう。きっと働く気がなくなるだろう（ロシア語の諺）**

左多里のつぶやき

理想を持つのって、
いいことだと思う。

だけど「こうでなくちゃ」って
それにとらわれすぎると、
自分の今の状態を
「これが足りない」とか
「できてない」とか
マイナスで考えてしまいがちな
気がする。

きっとプラスもあるから、
時々は小さく
ホッとしたりして。

03

中毒は自《みずか》ら選べ

トニーの胸の内

僕はチョコレートが大好きだ。どれくらい好きかをたとえるならば、J・R・R・トールキンの『ロード・オブ・ザ・リング』が頭に浮かぶ。この話に登場するリング（指輪）には魔法がかかっていて、それが近くにあると、どんな人でもそれを手に入れたいという激しい衝動に襲われる。顔がいきなり鬼のような表情に変わり、友だちの手からもリングを盗もうとしてしまうとか。もし僕がこんな風になることがあるとすれば、それはまさに、チョコレートが近くにあるときだ。

チョコレートといえば、アレルギーなどのせいで食べられないという人を除けば、大好きとは言わないまでも、嫌いという人にはまだ会ったことがない。

チョコレートには、人間のフェロモンに似た成分が含まれているという話を、昔、聞いた。これが正しいとすれば、人がチョコレートを食べたいと思うのは、きわめて動物的な本能によるものということになる。なるほど、と思わせる話だが、しかし実は、ただの都市伝説に過ぎない。

チョコレートが人間を引き付ける理由は、ほかにあった。

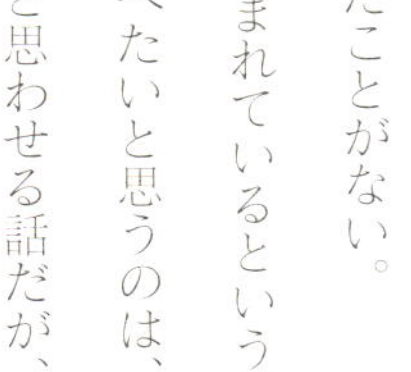

チョコレートの原料であるカカオには、テオブロミンという人の精神を落ち着かせる物質が含まれているのだ。これは「神の食べ物」を意味する「テオブロマ」というカカオの学名と同じ由来だが、よくぞ命名したと思う。

僕は、チョコレートをはじめて口にしたときから、ビターが好きだ。というより、それ以外のものに興味がない。砂糖やデンプンなどの混ぜものが少なく、たいていはカカオの純度が高ければ高いほどいい。だから、チョコの色もやはり、深い茶色あるいは黒に限ると思っている。

ミルクチョコレートは1875年にスイスで発明されたらしいが、それを考え出した人たちはちょっと「道」から逸れたと思う。ホワイトチョコを発明した人にいたっては、完全に脱線してる。僕がホワイトチョコをはじめて口にしたのは、日本に来てからだ。そう、あれは確かホワイトデーと呼ばれる3月14日。ホワイトチョコレートを好きな人には誠に申し訳ないが、僕はあれを菓子としては認めるが、チョコとは呼ばない。

自分でも驚くべきことだが、チョコレートに関してだけは世界一級のこだわりがある。いや、これはこだわりを超えて、一種のチョコ中毒になっている。人というのは、「ほどほど」にしようにも、必ず何かの中毒になる。いつのまにか入れ込んでしまうものというのが、一つや二つあるのではないだろうか。下手をして身体や心を害する何かに依存してしまったら、そのまま一生苦しむことになるかもしれない。ならば、自分の中毒対象は慎重に選べ、と言いたい。癖を持たないより持つほうが自然なはずなので、避けたいのは、癖ではなく悪癖なのだ。

では、どうやって良い選択をすればいいのか。僕が考える「良い癖」の選択方法は次のとおり。

○積極的に選ぶ

何かにハマるのを受け身で待つのではなく、自分から探す。言ってみれば、ハマったもん勝ち。

○心身を害さないものを選ぶ

やりすぎても健康を脅かさないもの、さらに贅沢を言えば、健康にいいものを選ぶ。

○生産的なものを選ぶ

健康でなくても、何かの役に立つものを選ぶ。

○維持可能なものを選ぶ

お金がかかりすぎるものをはじめ、経済的崩壊につながるものは選ばない。

本格的な中毒、そしてちょっとした癖にしても、若いときに身に付いたものはなかなか抜けない。僕は子どものころから、「タバコにハマっちゃだめ」と、いつも両親に言われた。でも、二人とも一日に2、3箱を吸うかなりの愛煙家だったためか、その説教にあまり説得力は感じなかったらしい。14歳のとき、僕は親の意向に逆らって、タバコを吸い始めてしまった。反抗期ではあったが、それよりたぶん、子どもながらの好奇心が直接の引き金だったと思う。

一般のタバコ以外にも、クローブ（ちょうじ）の入ったものやフィルターの付いていないもの、葉巻、パイプなど、タバコ屋さんで売っているものをひととおり全部試した。「不良の姿」が隣人に見られないよう隠れて吸っていたのだが、半年も経たないうちに僕の「実験」はやがて親にばれ、酷《ひど》く怒られた。

しかし、そのくらいでタバコに対する好奇心がだいたい満たされたこともあって、結局タバコに二度と手を出すことはなかった。食後の一服は美味しそうだし、手持ち無沙汰にはいいかもしれないけれど、健康の面と経済の面を考えれば、タバコにハマらずに済んで、すごく運がよかったと思っている。


さて、若いころに実際に癖になったものといえば、「読書」だ。どんな親でも子どもに本をどんどん勧めると思うが、僕の両親は特に「読書万歳」派だったかもしれない。学校の成績がすごくいいときには、ちょっとしたご褒美をくれたのだけれど、買ってもらったのは必ず本。テレビを見ていると厳しい顔をされ、「暇があるなら本でも読め」とよく言われて育ってきた。その期待に応え、小学生のとき熱心に本を読むようになったら、親は当然喜んでくれた。ところが……どういうわけか僕は、読むのが止まらなくなってしまった。

我が家には本がたくさんあったわけではない。ましてや子どもが読むものは。あっ

たのは百科事典。全部で約30巻で、本棚の二段分くらいを優に占めるものだった。神話から科学まで、ありとあらゆる情報が満載だった。一巻一巻が分厚く、もちろん本来は、調べごとのためにひくものである。

僕はこれをある日、一巻目から読み始めた。そしてそのまま何ヶ月かかかりで順番に最後まで読み続けていった。親はその熱心さに驚き、最初は感心していた。よほどその内容が面白かったのか（あるいはよほど暇な子どもだったのか）、一度全巻読み終わっても、また頭から読み始めた。両親の喜びは戸惑いに、そして心配に変わった。彼らとしては、僕が暇なときに読む分にはよかったが、没頭していた僕は、宿題などもほっぽり出してひたすら百科事典を読みふけっていたからだ。

二回目の通し読みが終わったときには、今度は図書館に目を付けて、本を大量に借りるようになった。スポーツなどはしなくなり、部屋にずっと閉じこもった。読書は実生活からの逃避になりかけていた。学校の成績が悪くなると、親は「いい加減に止めろ」と怒りだした。しかし、すっかり読書の魔法にかかっていたのか、僕はその忠告を無視し続けた。時には夜、寝たふりをしてシーツの中で懐中電灯を付けて読んでいたこともあった。

もちろんこの「非行」も、そのうち親にバレた。夜遅くベッドで本を読んでいては、視力が落ち、睡眠不足になるのでは？　読書三昧では陰気な少年になるのでは？……親の不安はみるみる膨らみ、やがて本は全部取り上げられ、隠れて読んでいないか厳しく見張られるようになった。

なんとかして子どもに本を開かせたいと苦心するのが普通なのに、逆に制限するなんて、おかしな話に聞こえるかもしれない。でも、両親の対応は妥当なものだっただろう。そのおかげで、元どおりのバランスある子ども生活に戻れた。


といっても、一度かかってしまったらなかなか抜けられないのが中毒。読書に関しては、大人になっても、実は完全に解放されたわけではない。

ただの「読書好き」と本格的な「読書中毒」はどう違うのか。これは確かに区別するのが難しいと思うが、たぶん、チェックしてみればわかる。目や腰などが疲れてきたのに、それでも読み続ける人、本に没頭して朝昼晩三食を完全に忘れてしまう人、

うっかりして人との約束をすっぽかしてしまう人。こんな人は皆、「読書好き」や「読書のやり過ぎ」を通り越し、見事に「読書中毒」の仲間入りを果たしているだろう。なお、ご飯のとき食卓に着いて食べ始めてからも本を読み続けるのは、「読書中毒」とは呼ばない。……ただの「マナー知らず」だ。

まじめな話だが、「読書中毒」はどんな中毒とも一緒で、私生活に悪影響を与え得る。中毒なので、「止めろ」と言われてもなかなかそういうわけにはいかない。読書に対するその熱意は大事にして、なんとかして「やや行き過ぎ」という程度にくい止めたい。そんなある程度コントロールできる中毒は、中毒ではあるけれど、もうちょっと無難で可愛いものだろう。「プチ中毒」といったところか。

では、カカオ依存はどうなのか。

僕のチョコ好きが多くの方に知られるようになり、たいへんありがたいことに、いただく機会が増えた。食べ過ぎてしまってはいけない。でも、大丈夫。中庸《ちゅうよう》を守って適量を食べていればいい。人におすそ分けするという手もある。いや、でもチョコは意外にすぐ腐るしね、本人がちゃんと食べないとね……、うわー、中毒だ。

こんな言葉も参考に

- なくて七癖、あって四十八癖（日本語の諺）
- 人生の後半は、その前半で身に付いた癖だけでできている（ドストエフスキー）
- 麻薬を使わない。私自身、麻薬なのだから（ダリ）

左多里のつぶやき

普段
ホテルのレストランって高いよねー
信じられないくらい…
あっ
ちょっと遠くのホテルだけど「チョコづくし」のランチコースがあるんだって
料理にもチョコ…
ばっ
ちょっと見せて!!
今から出れば今日のお昼に間にあう!
さあ行こう!!早くクツはいてっ
つける薬はないのか…

トニー度診断①

【言語編】

		Yes	No
Q1	言語学習は独学派		0
Q2	漢字がけっこう好き		-1
Q3	言語学習で一番力を入れるのは「しゃべること」と「書くこと」		0
Q4	ルビはあまり好きじゃない		0
Q5	3つ以上の言語で、1～10まで数えられる		0
Q6	話しているとき、つい文語を使ってしまう		0
Q7	気になる言葉に引っかかると、一日中でも考えている		0

ミニ診断 トニーマークの数でチェック!

 ＝10個 ………語学オタクと呼ばれますか？

 ＝6～9個……言葉にこだわりを持ってますね

 ＝2～5個……言葉を意識すると発見があるかも

 ＝1個以下……理数系が得意？

次の診断ページ
➔ P.53
総合診断ページ
➔ P.130

04

「訊《き》いてみよう」主義

아는 길도 물어가라

道を知っていても人に訊こう

韓国語の諺

僕が旅を好きなのは、たぶん、知らない人と出会えるからだ。夜空も音楽も食べ物も魅力的だが、僕にとっては「人」が一番。同じ立場の旅人と会話を交わすのもいいけれど、なんと言っても、自分が訪れているその土地で生活している地元の人と接するのが、とりわけ楽しみなのだ。

旅先で迷ったとき、必ず人に道を訊く。いや、迷っていなくても訊く。ちょうど、「道を知っていても人に訊こう」という韓国語の諺のとおり。目的地への道は、いくら知っているとタカをくくっても、地元の人にはかなわない。人に訊くことはそんなに時間がかかるものでもなく、そう迷惑をかけることでもない。一本、道を間違えて引き返すよりよほど早いし、その土地の人と接することで旅の思い出も増える。

道を訊くなら、その地域の言語を少しは覚えたほうがいい。新しい土地に行くとき、一番最初に覚えておく言葉の一つは「どこ?」だ。「ここはどこ?」や「駅はどこ?」などという簡単な質問ができるように。地元の人にこのような質問を投げてみると、「左」や「右」のように簡単に教えてくれることもあるし、「ずっとまっすぐ行ってか

ら、その次の角を左に曲がって坂道を登って……」と、こちらがまったくわからないような言葉が早口で返ってくる場合もある。しかしたいていは、喋《しゃべ》りながら指で方向を示してくれるから、なんとなく言っている内容は理解できる。

知らない土地で知らない人に道を訊く場合、気を付けたいことが三つある。

まず、**①面倒をかけない**

——誰に訊くかを慎重に選ぶ。あまり忙しそうな人には訊かない。イライラした感じの人にも訊かない。それに、街の中心的な交差点のちょうど角にある店にわざわざ入って訊くことは避ける、そこで何かを買うつもりがなければ。商売がしたいのに、無料観光案内所にさせられるのは可哀想だ。

次に、**②怖い目に遭わないようにする**

——その土地に不慣れな人を騙して、いいカモにしようと考えている人もいる。誰がそんなことをするのか、見分けるのは難しいとはいえ、それでもなるべく人を見る目を養いながら、災難を避けられるようにしたい。道案内してもらっているとき、ちょっと虫のいい話がでてきたら、すぐにやりとりを打ち切ろう。

最後に、**③余分な親切をしてもらわない**

——純粋に親切で、「そこまで案内するよ」と言って、何キロも離れたところまで送ってくれる人がいる。たとえ相手におかしな下心などがないと確信しても、よほど困っていない限り、知らない人の親切には甘え過ぎないようにしたい。遠慮を忘れずに。

ところで、道を訊いたとき、世の中には間違ったことを教える人もけっこういる。「○○はどこですか?」と尋ねれば、不思議なことに北の方向を指す人も、南を指す人も、両方いる場合がある。そういう人は、たいていは意地悪でそうしているのではない。むしろ、親切過ぎるのだと思う。

地元の人であっても、道案内をきちんとできるとは限らない。できない場合は「わからない」とちゃんと言ってほしいところだ。それをせずに、「ああ、あっちだよ」と適当な方向を指してしまう人は、単に「知らない」と言えないのが原因なのかもしれない。それに加えて、なんとかして困っている人の力になりたいという気持ちが重

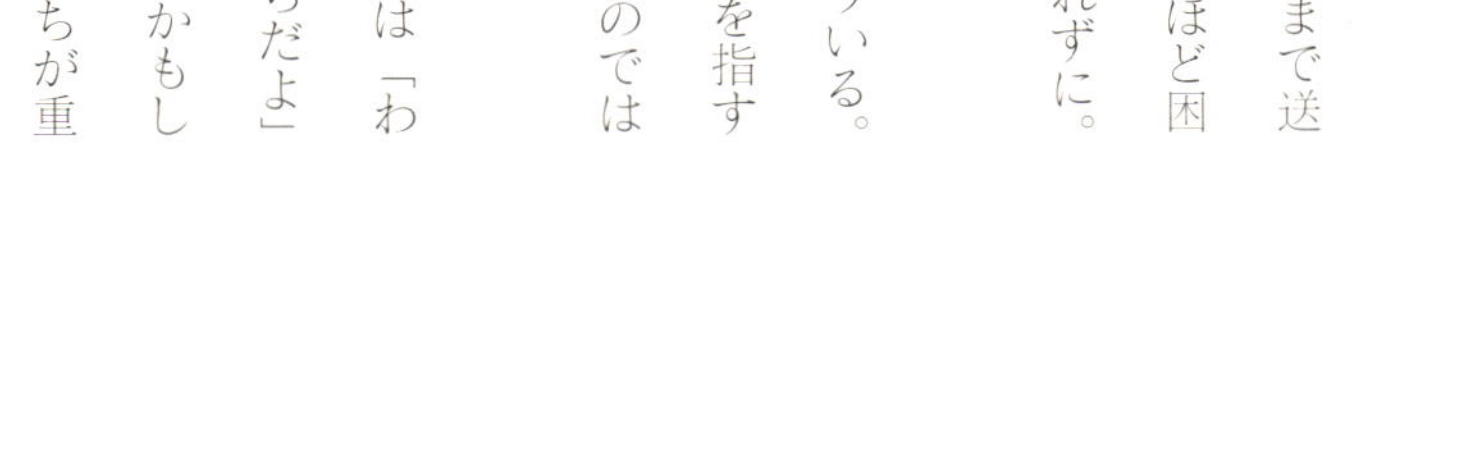

なっているのだろう。

こうした「親切からくる知ったかぶり」に対抗する策として、僕は訊く人数を必ず奇数と決めている。たいていは三人か五人。それで多数決を取って、進む道を決めればいい。

他人に何かを教えてもらうというのは、何も旅先に限定した話ではない。日常生活でも「知っていても訊く」を実践すれば、浅い知識をより深くできるし、自分の今の知識を確認することもできる。だが、それより何より、人と仲良くできる。質問ついでに、これから先のコミュニケーションの道すじも作れるのだ。

近代社会では、多くの人が孤立して暮らしている。近くに住んでいる人との交流もあまりない。新しく引っ越してくる人の多い新興都市社会では特にそうだ。できるなら、薄いものでもいいから、周りの人と縁を築いたほうがいいと思う。あまりベタベタせずに、「この間はどうも」と言い合える程度の関係でもいい。身近な人と、普段から少しでも交流ができていれば、近所でちょっとしたトラブルが発生したとき、あるいは深刻な災害のときでも、お互いコミュニケーションがとれ、問題解決や助け合いができるだろう。

　ところで、名言の中でも人の「臨終の言葉」はけっこう気の利いたものが多い。たとえばベートーヴェンが言い残した「さあ皆さん、拍手を。喜劇はこれで終わり」はだいぶシブい。ピカソは「私の健康を祈って乾杯を」と言って、祝福してもらってからすぐ亡くなったとされているが、これもなかなかいい。そのときになったら僕だって格好いいことを言いたいが、なるようにしかならないだろう。しかしなんとなく、肯定文ではなく疑問文になるような気がする。「ね、天国はどっち……？」

こんな言葉も参考に

- たとえ「千」のことを知っていても、わからない場合は「一」が専門の人に訊こう（トルコ語の諺）
- 箒《ほうき》が強いのは、一本一本の藁《わら》がしっかり編んであるからだ（タガログ語の諺）
- 指で月をさしたのに、あなたには私の指先しか見えていない（スクマ語の諺）

左多里のつぶやき

トニーは　何かの窓口で
「ダメ」とか「ありません」とか
一度　言われても、
ほかに窓口が　あれば
もう一度（または二度三度）聞いてみる。

ムダに終わるときもあるけど、
助かったことも
何度も　あります。

トニー流幸せを栽培する方法

樹の章

樹の章

01

躁《そう》と鬱《うつ》のまんなかで

塞翁失馬焉知非福

人間万事《にんげんばんじ》、塞翁《さいおう》が馬

淮南子《えなんじ》

「人間万事《にんげんばんじ》、塞翁《さいおう》が馬」。単純そうに見える成語だが、僕はこの中に、大切な哲学があるように思っている。ストーリーを要約すれば次のようになる。

中国北部の砦《とりで》の近くにある老人が住んでいた。

ある日のこと、老人の馬が砦の向こうへと逃げ出してしまった。慰めにきた隣人に、老人はこう言った。

「なに、これがきっと幸運を呼ぶだろう」

しばらくすると馬が戻ってきた。しかも駿馬を一頭引き連れて。

こうして馬は二頭に増えた。祝いに来た隣人に、老人は今度はこう言った。

「ん……これは悪いことをもたらすかもしれんよ」

ある日、駿馬に乗るのを好んだ老人の息子が、落馬して足を骨折してしまった。見舞いに来た隣人に、老人はまたもこう言った。

「これが幸運を呼ぶかもしれん」

間もなく、砦の向こうの民族が攻めてきた。老人の村のほとんどの男子はその戦で

戦死した。でも、足を骨折した彼の息子は戦場に行かず、死ななくて済んだ。

物語はここで、「めでたしめでたし。その後ずっと幸せに暮らしましたとさ」的な結末になっている。

はじめてこれを読んだとき、いい話だと思ったが、このハッピーエンディングは多少引っかかった。本当はこの話、もう少し続くのではないかと想像したからだ。

戦争に行かずに済んだ息子は、一人だけ生き残ってしまったことに負い目を感じ、家に引きこもってしまったかもしれない。でも、孤独だった分だけよく勉強して、博学な青年になったかもしれない。そんなある日、前代未聞の大雨と洪水が国を襲い、彼が蓄えてきた知識をもって村の人たちを救ったかもしれない。ああ……でも、皆の英雄になった彼に嫉妬《しっと》した村人の一人が……。

理屈っぽい見方だが、少なくとも僕の想像の中では、「塞翁《さいおう》が馬」は「チャンチャン！」ときれいに終わるものではなく、永遠に続く物語だ。まあ、寓話はある程度簡潔に仕上げなくてはならないものだろうから、揚げ足など取らずに、成語の意味するところを素直に受け止めてみるべきだろう。
「塞翁が馬」の寓話が言わんとしていることは、最後の「教訓」にある。「幸不幸は見極めることができない。だから過剰に落ち込んだり喜んだりしないようにしよう」――。「陰と陽」の関係で、幸福と感じるものの中にも不幸が、不幸と感じるものの中にも幸福が同様に含まれている、と訴えているように思う。この寓話を中国語で読むと、特にそういう印象を受けるのだ。

中国語の成語の本では、馬が逃げて行くなど、悪いことが起きたとき、老人は「説不定不是件好事」、つまり「これが良いことでないとは断言できない」と言っている。今起きた悪いことそのものは、同時に良いことでもあるかもしれない、という意味になっているのだ。良いことが起きたときは反対に、「これが悪いことでないとは断言できない」と言っている。「悪いことがあっても、あとできっと良いこともあるさ」というよりはむしろ、今日の出来事を違った目で見るようにと訴えている気がする。

「塞翁が馬」はふつう、ちょっと落ち込んだときに使う言葉だ。「大丈夫だよ。そう落ち込むな」と周りの人に励まされても、あるいは自分からそう言い聞かせても、安

心する根拠が感じられないと、なかなか気分は回復しない。しかし、原文のイメージで「大丈夫。これは良いことでもあるかもしれない」と考えれば、いくらか励まされる。

今、馬に乗って移動する人はすっかり少なくなってきた。だから「塞翁《さいおう》が馬」と聞いても、あまりピンとこない。なので、現代風に。ある日、うちの車が逃げ出した。でもしばらくしたら戻ってきた。車をもう一台引き連れて。早速乗ってみたが、警察に止められた。しまった。車検付きの「駿車」だったが、盗難車でもあったとは……。

こんな言葉も参考に

- **不幸な人は希望を持って、幸福な人は用心せよ**（ラテン語の諺）
- **背負っている荷物が割れたときは、肩を休めることができる**（チュイ語の諺）

左多里のつぶやき

例えば 道で 転んでしまった時。

痛い…
恥ずかしい…
ツイてない…

と 思うけど、
私は いつも できるだけ

あのまま
気をつけずに
歩いてたら
もっと 激しく 転んで
服破いたかも
もしかして
骨折ったり
して
ひょっとして
次の角で
車とぶつかって
いたの
かも…!?

なんて、想像してみる。

回避できた危険って
意外と 気づかないものだし、
起こった出来事に 意味をつけるのは
人間の気持ちひとつじゃないかな。

「ホントのところ」は わからないんだから、
いいように考えた方が いいかな、と。

まあ
できるだけ……
ですけど

02

我よいこと思う、ゆえによい我あり

善思《ぜんし》、善語《ぜんご》、善行《ぜんこう》

ゾロアスター経典
『アヴェスタ』

はじめて人と会うとき、相手と交わす会話は、ちょっとした軽いやりとりから緩やかに出発したほうが気持ちがいい。そういう意味で、名刺は、初対面の人と人を結ぶ魅力的な道具だ。相手の名刺が少しでも個性的で洒落《しゃれ》たものであれば、それによって最初のコミュニケーションが円滑になることがたびたびある。また、めったにないことだが、期待以上の働きをしてくれる名刺もある。

僕はある日、そんな一枚の特別な名刺をもらった。相手は、道ばたで久しぶりに会った人だ。ちょっと立ち話をしたら、新しい名刺をくれた。彼の名刺の大きさや形、そして文字のデザインなどに、さほど個性的なところはなかったが、スローガンらしきものが目についた。

「善思《ぜんし》、善語《ぜんご》、善行《ぜんこう》」。

本人にその言葉の意味を説明してもらう時間はなかったが、なぜか気になった。あとで調べたところ、これは「ゾロアスター教」の基本的な教えであることがわかった。

ゾロアスター教は約2千5百~3千年前に誕生したとされている。イスラム教、キリスト教、ユダヤ教、仏教をはじめ、多くの宗教に強い影響を与えている古代ペルシ

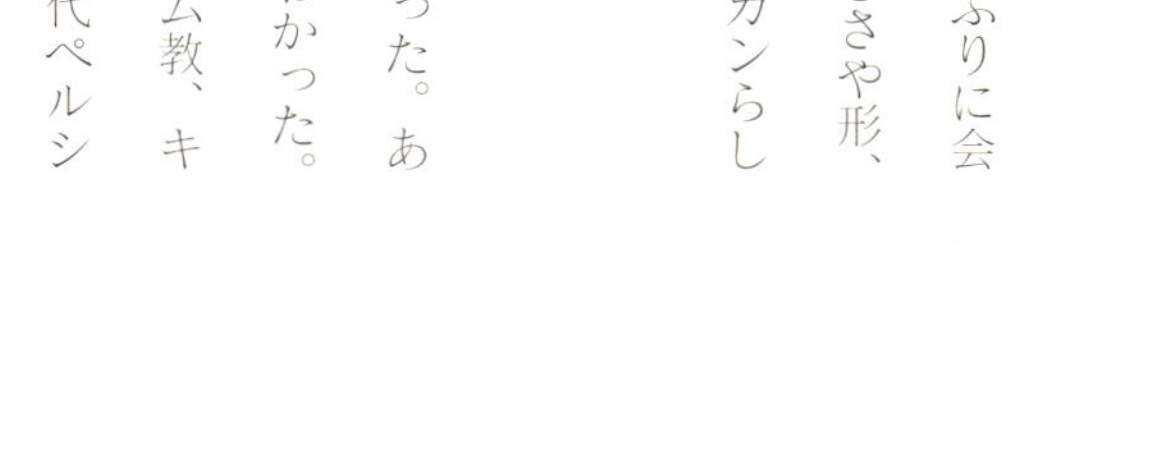

ヤ帝国（現在のイラン）の国教だった。「天使」、「天国と地獄」、「最後の審判」はそれぞれ全部、もともとゾロアスター教が生み出したと考えられている。

そして、人間は善と悪という二つの道のどちらかを選択する立場にある、という概念をはじめて打ち出したとされている。名刺にあった言葉は、ゾロアスター教徒にとっては一日数回唱える「祈り」の一部のようだ。僕はこれを「悪い道でなく、良い道を選択するように」というありがたい助言として受けとめている。

朝、目が覚めると、仕事のこと、あるいは生活のことなど、その日のうちにしなくてはならないことが頭に浮かんでくる。「今日一日、善い考え、善い言葉、善い行いをしよう」という言葉を口にすることで、あるいはそう思い描くだけでも、人間としての基本に立ち戻れるような気がする。

名刺をもらった際、「善思《ぜんし》、善語《ぜんご》、善行《ぜんこう》」がなぜ心の中で響いたのか。それは、僕が幼いころから叩き込まれた道徳観と重なったからかもしれない。

僕は、子どものとき何か悪いことをしたら、

「もう善悪をわきまえられる年頃じゃないの？」

と親に言われ、よく叱られたものだ。これは、子どもが「悪いことを悪いと知っていながら」やってしまったことを問題にしている。つまり「もう何が善くて何がいけないかはよくわかっているはずなのに、なぜ悪いことをするの？」ということを言っているのだ、若干回りくどい表現で。善と悪の両方の選択肢が出てきたとき、いけないほうではなく、善いほうをちゃんと選択するんだよ、という親の期待が感じられる。

もちろん、この「善いほうを選べ」という子どもの躾《しつけ》方法は、なにもうちだけのものではない。

１８８３年にイタリア人作家のカルロ・コルローディによって書かれた『ピノッキオの冒険』。この永遠のベストセラーには、「善悪をわきまえて、善いほうを自《みずか》ら選べ」という道徳観がはっきりと刻まれている。

原著では、人形のピノッキオがどうしようもない悪ガキとして描かれている。その彼を善い方向へ導こうとするのは、母親の象徴として登場する「青い妖精」だ。彼女はピノッキオに対して、絶えず「善いことをしなさい」と注意するが、ピノッキオはそれでも悪いことを繰り返していく。ピノッキオが非行を繰り返していると、ロバに

変身させられた上、過酷な労働を強いられたり、魚に飲み込まれたりという、数々のイヤな目に遭わされる。実は一番最初のバージョンでは、ピノッキオがあまりにも酷《ひど》いことをするので、最後は絞首刑にさせられてしまうのだ（そのショッキングな結末は、抗議を受けたのがきっかけで、人形が人間に変えてもらえるというハッピー・エンディングに変わった）。しかし、これらの罰はいずれも親によるものではなく、受けるのが当然なくらいの「天罰」のようなものだ。ピノッキオがそれぞれの経験から学習して、自ら「善い道」を選べるようになるかどうかが、ストーリーの重大なポイントなのだ。

　コルローディがゾロアスター教の影響を直接受けていたかどうかはわからないが、ピノッキオのこのテーマは「善思、善語、善行」の精神とかなり一致していると思う。善と悪をよくわきまえた上、善いほうを選ぶことが人間一人ひとりにまかせられている。さすがにこれはシンプルでわかりやすい。何千年もの昔から人々の生活に取り入れられていて、今もその教えが受け継がれているのも頷《うなず》ける。

こんな言葉も参考に

- 槍を一度投げてしまったら、もう引き止めることはできない（アムハラ語の諺）
- 良いマナーはバザールで売っているわけではない（アゼルバイジャン語の諺）
- ゴミ捨て場のハエにならず、むしろ花庭園を飛び回る蜂になろう（インドネシア語の諺）

左多里のつぶやき

「悪いこと」って時々…
とっても魅力的では
ありませんか？

「やっちゃダメ！」って禁じられると
その魔力は一段とアップ！

ダメだよ
トニーを
いじめちゃ
トニーの
悲しい顔…
見たくなーい？

…そして よく
誘惑に負ける私

ごめんね
トニー…

よく
謝ってもいる。

あと「禁止」といえば
「夜中のおやつ」…食べたすぎる

トニー度診断②

【パソコン編】

	Yes	No
Q1 人のパソコンでもある程度直せる		0
Q2 喫茶店は、充電できるところがお気に入り		-1
Q3 パソコンに名前を付けている		0
Q4 WindowsよりはMacやUNIX派		0
Q5 マイPCを肌身離さず持ち歩く		0
Q6 インターネットの自動翻訳システムをよく使う		0
Q7 近頃、手でペンを持って字を書くのがおっくうだ		0

ミニ診断 トニーマークの数でチェック！

 ＝10個 ………パソコンにかなりハマってますね

 ＝6～9個……運動もちゃんとしてる？

 ＝2～5個……パソコンって単なる道具なんですね

 ＝1個以下……もしかしてアナログ人間？

次の診断ページ
→P.59
総合診断ページ
→P.130

樹の章

03 それでも人を信じよう

Fide sed qui vide

信用せよ。でも人をよく見極めた上で

ラテン語の諺

信用に背《そむ》くことを「裏切り」という。考えてみれば、「裏切り」は味方の行動に対してしか使わない。自分の目線が届かない、無防備な背後にまで回れるのは、敵ではなく信用されている者に限るからだろう。

面白いことに、「裏を切る（または刺す）」という言葉は、イタリア語、ロシア語、英語をはじめ、多くの言語に見られる。使い方はだいたい日本語と同じ。少なくともヨーロッパ近辺の言葉に関していえば、この表現を定着させたものの一つは、ローマ帝国の創始者ガイウス・ユリウス・カエサル（シーザー）の暗殺事件だろう。カエサルは、よく知っている人物数人に囲まれ、20～30回刺されて死んだが、その暗殺集団には、彼が息子同然に育てたマルクス・ユニウス・ブルートゥス（ブルータス）も加わっていた。カエサルが最期に何か言葉を残したかははっきりしない。でも、「ブルートゥス、お前もか」と断末魔につぶやいたのではないかという話が、主にシェークスピアの演劇を通じて広く伝わったようだ。ブルートゥスが背中のほうを刺したのかどうかはまた不明（演劇では両者の顔を客席に見せるためか、だいたい脇）だが、そ

れでも彼が史上最大の「裏切り者」になっている。

裏切りは、避けようにも完全に避けられるものではない。僕は幸いにして裏切られた経験は少ないほうだが、ないこともない。わりと最近にも、運営に関わっているボランティア団体で仲間の一人が、やり方の違いから腹を立て、メンバーのプライベートメールなどを歪曲した形にして無断で公開したり、団体に悩みを相談した人の情報を漏らしたり、こちらの評判を傷つけるようなことをしたのだ。

裏切られたときは、誰もがまずはへこむ。信用していた自分を非難し、「もう人を信じない」とも思ってしまう。でも、人は必ず信用し信用されるものだ。人間不信になるのは決して幸せの道ではない。といっても「信用しては裏切られる」を繰り返すような人生もやっていられない。やはり、誰をいつ、どのように信用するか、がポイント。これは当たり前のことだが、信用に背かれ、へこんでいると、それが見えなくなってしまうことがある。思い出させてくれるのは「Fide sed qui vide」というラテン語の知恵。キーワードは二つ。fide（フィデ＝信用せよ）とvide（ヴィデ＝見ろ）。「信用するのはいいが、相手をよく見極めろ」という助言だ。ラテン語が不得意な場合、この肝心な二つの単語だけを並べ、「fide…ただし…vide」というふうに、チャンポンにして記憶するのもいいかもしれない。

裏切りは「恥ずべき行為」とされている。でも、それは僕たちが「信用」というものに大きな価値を置いていることの現れかもしれない。ラテン語ではまた、こうもいう。Nihil prius fide(信用に優るものはない)。「信用が一番」といったところか。

こんな言葉も参考に

- **正直に人に接したとき、騙されることがある。それでも、正直に人に接しなさい（マザー・テレサ）**
- **中傷は避けられず、必ずされることだ。罪を犯さずに生きようとし、中傷する人を勝手にさせるのが一番（モリエール）**

左多里のつぶやき

「Hi-Fi」の「Fi」は

Fidelity（忠実性）

「Video」は「Vide」から

きているのだとか。

「Hi-Fi Video」とは

「忠実性の高いビデオ」のこと。

あれ？
こっちの方が
覚えやすいかも…
「Fide」
で
「Vide」
だよ～～

トニー度診断③

【食べ物編】

		Yes	No
Q1	食べたことのないものには敢えて挑戦するほう		0
Q2	朝食はしっかり食べる		0
Q3	食べる速さで、それが好きかどうかバレる		0
Q4	お箸はどちらの手でも使える		0
Q5	焼き魚と大根おろしを別々に食べることがある		0
Q6	生ピーマンを丸かじりで食べても美味しい		-1
Q7	できるなら、ぶどうの皮をむきたくない		0

ミニ診断 トニーマークの数でチェック!

 ＝10個 ………ちょっと変わっていると言われませんか？

 ＝6～9個……「食べること」を楽しんでますね

 ＝2～5個……時には冒険してみては？

 ＝1個以下……生ピーマン一口から道が開けるかも

次の診断ページ
➔ P.67
総合診断ページ
➔ P.130

樹の章

04 したいこと・できること・やるべきこと

トニーの胸の内

「自分が人生で何をしたいのか。それがわからない者ばかりだ」

いつの時代も、年配の人が若者に対してこう批判する。でも、そうやって批判する彼らも、果たして自分が本当にしたいことがわかっているのだろうか。

したいことを見つけるのはそう簡単なことではない。哲学的には、したいことがわからなくてもいいという考え方がある。そして、したいことを持つことに意味がないと思い、最初から持とうとしない人もいる。人間は所詮、運命に従うしかないのだから、というような発想もある。

僕自身は、常に「したいこと」を何らかの形で持ったほうがいいと思っている。それを見つけるのに、決して焦ることはない。落ち着いて考える時間を作ってみればいい。

残りの人生で何がしたいかを考えていても、それが決められない場合、たとえば「したいこと」ではなく、とりあえず「したくないこと」をリストアップしてみるのも一つの手だろう。したいことを見つけるために、したくないことを先に知るという消去法だ。○○をやるのは嫌だな、というものをひととおり書き出してみる。一日中、ずっと一ヶ所に座っているのは苦痛だなとか、コンピュータが苦手だとか、細かい手作業が好きではないとか。「今までずっとしていたこんなことが、自分はやりたくなかったのか！」という意外な事実を知ることにもつながる。

また、「これができたらいいな」というものを頻繁に思い浮かべることも必要だ。動物の観察がしたいなぁ、とか、星を見たいなぁ、とか、何でもいい。理想や夢をどんどん思い描くといいと思う。最初から「これが自分のしたいことだ」という風には決めつけないで、少しずつ探っていくのがポイントだ。まずは「したいこと」探しを目標に、それに近いものを見出していく。

さて、「したいこと」がある程度わかったら、ここでちょっとひと呼吸。「したいこと」が果たして「できること」なのかどうか考えたい。素直な自己分析が次のステップだ。「したいこと」を即実行できるだけのスキルやキャリアは持っているか。そして、才能があるかどうか。やってみたことがどうもうまくいかないと感じたら、それは向き不向きの問題かもしれない。

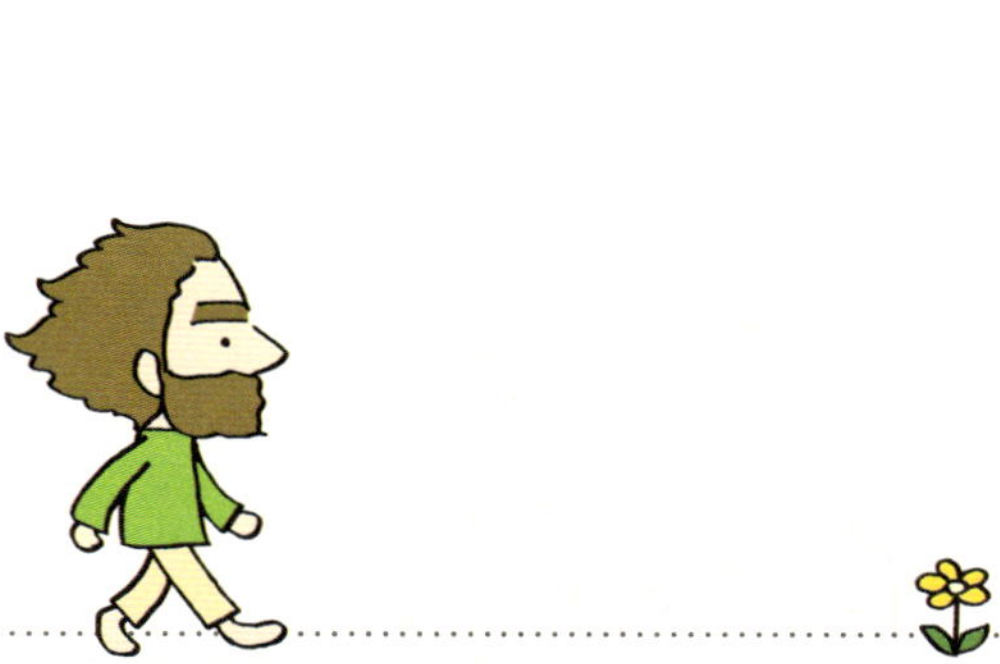

もちろん、「やりたい」という強い信念を持っていれば、人の何倍も努力して優れた技術を身に付けることもできる。でも、自分でも何となく向いていないと思ったら、思い切ってリストから外した方がいいかもしれない。強い信念を持って努力する覚悟がなければ諦める勇気を持ちたい。選択肢はほかにもあるのだから、「したいこと」がまだよくわかっていないうちは、人に迷惑をかけない程度にどんどん探っていけばいい。自分の才能を把握しながら実践することで、それが本当にやりたいことなのか、ただの憧れなのかに気づくはずだ。

「したいこと」と「できること」が一つだけとは限らない。二つも三つも人生のテーマを持つ人もいる。たとえば、伊能忠敬《いのうただたか》もその一人。彼は江戸時代、18歳から50歳まで商人として生きたが、その後、測量を数年間勉強した。そして自分の足で歩いて、実測によるはじめての日本地図を完成させた。

彼のように複数の才能を交互に生かす人もいるし、また、ひとつの事業をやりながら別の事業を成功させられる人もいる。

「したいこと」の中から「できること」が選び出せたら、次に考えるのは「やるべきこと」である。自分のやりたいと思っていることが「やるべきこと」であるかどうか。「したいこと」と「できること」と比べると、判断するのがもう少し難しい。僕の場合、以下のようなことを基準にしている。

①世間に必要とされていそう？

②世間に喜んでもらえそう？

③世間にあまり迷惑がかからなさそう？

すべて「イエス」と答えられたら、「やるべきこと」かもしれない。しかし、さらによく考えて、ケースバイケースで判断していったほうがいいだろう。

「やるべきこと」かどうかを考えるのは面倒で不要な作業に思えるかもしれない。でも、良い事業はたいていそういう要素があるように思う。伊能忠敬《いのうただたか》が行った地図の作製も、彼がそれをしたいからやっただけではないはず。日本の地図があれば、どれだけの人が助かるか、そしてそれがなくて皆がどれだけ苦労しているか、きっと彼は

考えていただろう。「やるべき」という思いが使命感を生み、彼の原動力になったに違いない。

「自分は何がしたいのか」が見えてこなくて苦しいとき、むしろ「やるべきこと」を先に考えるという手もある。少なくとも気分転換にはなる……かな。

こんな言葉も参考に

- **できる人はやりたくないと言う。したい人はできないと言う。やり方がわかる人はやらないと言う。ものごとをやるのは、結局やり方がわからない人になるのだ。このように、世の中が悪い方向に行ってしまう（イタリア語の諺）**
- **自分の道徳観に邪魔されずに、正しいことをしろ（アシモフ）**

左多里のつぶやき

うちの母は 年々、
「したいこと」が増えていく。

今、ワつくらい
あるのよー
夢だけどねー
いいですねえ
何から
実現できるかなあ

「したいこと」って
まさに「希望」だと思う。

「したいこと」が見つかった人は
それだけで すでに
幸せなのではないだろうか。

トニー度診断④

【身だしなみ編】

	Yes	No
Q1 全身黒でコーディネートするのは不幸があったときだけ		0
Q2 シャンプーのあとリンスはしない		0
Q3 腕時計はしない		0
Q4 美容院に月１回は必ず行く	-1	
Q5 正座より、あぐらが楽	0	
Q6 ブランドものにはまったく興味がない		-1
Q7 どうしても逆方向に立ってしまう眉毛が２本以上ある		0

ミニ診断 トニーマークの数でチェック！

 ＝10個 ………よく言えば「自然派」……

 ＝6～9個……冠婚葬祭には鏡を見てから出かけましょう

 ＝2～5個……はみ出すのは嫌いですか？

 ＝1個以下……完全無敵のオシャレさん？

次の診断ページ
→ P.84
総合診断ページ
→ P.130

05 節目を前にして

三十而立

30にして立つ

孔子

中国・春秋時代の思想家、孔子が、『論語』で唱えた有名な言葉がある。

吾十有五而志于学。
三十而立。四十而不惑。
五十而知天命。六十而耳順。
七十而従心所欲、不踰矩。

「われ15にして学を志し、30にして立つ、40にして惑わず、50にして天命を知る、60にして耳したがう、70にして心の欲するところに従って矩《のり》をこえず」

僕がこの詩を知ったのは、28歳のときだ。とてもタイミングのよい出合いだった。というのも、当時の僕は30歳になることに対してちょっと神経質になっていたからだ。周りには自分より年上の友だちが何人かいたが、30歳を過ぎたところで、皆たいていは妙に落ち込んでいる様子だった。20代が永遠に続いてほしいというよりは、単に、責任感が重くのしかかりそうな30代に突入したくなかったのが原因だったのだろう。
彼らのその反応を見た僕も、30という壁を越えるのにどこか消極的だった。

そんなある日、「30にして立つ」という孔子の言葉を目にして、心境が変わった。「立つ」とは何かは、はっきりわからなかった。でも、少なくとも「自分の『信念』をしっかり持つように」、そして「30歳になる前に、そうなるための準備をしておきなさい」と助言されているような気がした。

そう考えたら不思議と前向きな気分になれた。僕は2年もすると確実に30歳になる。その日を迎えた時、僕はどうなっていたいのか？　どんな仕事をして、身辺にどんな環境を作っているのが理想なのか？　たった2年後の自分なので、理想像を描くのも、そう難しいことではなかった。「30にして立つ」が、僕に、人生の転回点の一つともいえる30歳に備えるチャンスを与えてくれた。

さらにこの詩を全文読み解くと、70歳までだいたい10年ごとに人生の哲学が6つ唱えられている。

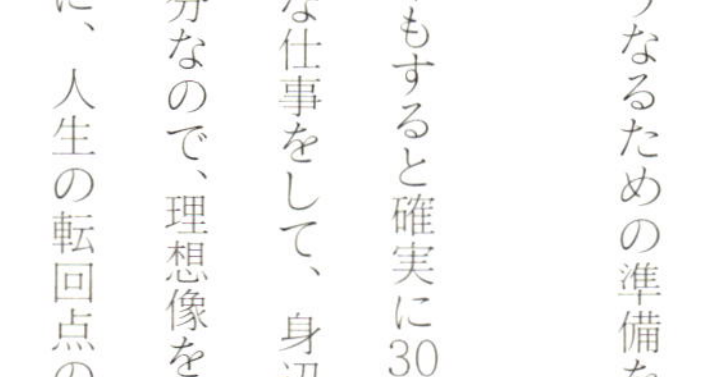

そもそも人間は、人生の節目の直前、または直後に落ち込みやすい生き物らしい。毎年同じように1歳ずつ年を重ねているのに、10年の区切りが来ると急に年を取った気分になり、もう若くない自分に衝撃を受ける。区切りがいいだけに、さまざまなきっかけが生まれやすいのだろう。

この6つの教えの中で一番のお気に入りは「30にして立つ」。なにしろ僕はこれに救われた。あと、60歳の「耳したがう」というのもいい響き。「安心して素直に人の話に耳を傾けられるようになる」という意味だそうだ。これは、60歳まで生きていると、豊富な経験から何を聞いても驚かなくなり、ものの道理が自然にわかるようになるからだろう、と想像する。そんな風になれるよう、早くからいろいろな経験を積み、周りの人の話を率直に聞こうという気持ちにもさせられる。

今は、孔子の時代と比べて人間の寿命がずいぶん延びているし、教育を受ける期間も長い。孔子の教えは現代人の一生にぴったり当てはまるとはいえないかもしれないが、詩の精神は生きている。

70歳以降の続きを、誰か書いてくれないかな。
百歳は簡単。「百にして」……「怖いものなし」

こんな言葉も参考に

- 驚かされるよりは、あらかじめ恐怖を持ったほうがいい（ハンガリー語の諺）
- 動物が完全に現れるのを待ってから槍を投げると、尻尾にしか当たらない（スワヒリ語の諺）

左多里のつぶやき

お誕生日 おめでとう！
と言うと
めでたくもないけどねー またひとつ年とっちゃって…
と、返ってくることがある。
気持ちはわかりますよ～～
でもまあ ここはひとつ
この1年 無事で また お誕生日 迎えられて おめでとう！
ってことで、どうでしょう。
そしてもう何十年か生きると、人はまた「年齢自慢期」に突入するような。
もう 87よ
くぷ…
若ーい!!

06 自立してから結ばれよう

Cseréptálhoz fakanál

陶器の皿に木製のスプーン

ハンガリー語の諺

「人」という字は、二人の人が支え合っている様子を表現している。だいぶ長い間、そう信じていた。日本語を覚えていた80年代半ばごろ、ある人に次のように教わったからだ。

「一画目のほうが男性を表し、右の短いほうが女性を表している。結婚したら男女が互いに支えあって、二人で力を合わせて、はじめて一人の人間として立つことができるのさ」

今でもときどき、この字が二人の人間を表していると耳にする。一方、それが男女一人ずつだという話は聞かない。今思うと、この話を僕に紹介した人はたぶん、通説に独自の男女観を加えていたのだろう。30代目前でまだ独身生活を続けていた僕のことを心配してくれていたらしい。「人」についてのこの話はおそらく、「早いこと結婚しなさい」という、結婚を促すためのものだったと思う。

彼の説明を疑う理由がなかったので、そのまま信じていた。しかし、「半分＋半分で一人」という結婚観に対しては、心の中で反発していた。よく考えれば、結婚するまで人は一人前ではないと言っているようなものだ。あまりにも消極的。本当に、半人前のまま結婚していいのだろうか？

どうせ一緒になるならば、半分＋半分＝1ではなく、少なくとも「1＋1＝2」の関係を目指したほうがいいのではないか。つまり、結婚†は、一人一人きちんと自立してからにすべきだと思う。

僕の言う自立とは、日々の生活をひととおり自分でやろうとする意思があること。炊事、洗濯、仕事、周囲とのコミュニケーションなど。簡単に言うと、ちゃんと一人暮らしができるかどうかということだ。

もちろん、何らかの事情から、それらを全部こなすのが難しいという人もいる。でも、その場合でも、自分でできる範囲のことを積極的にしようとすることは立派な自立だろう。つまり反対に、会社では成績優秀なエリート社員でも、家では物臭で家族に何でもかんでもやってもらうような人は、自立しているとは言いかねる。決して、経済力＝自立ではないのだ。お互いが精神的に自立し、なるべく他人に依存しない

†：「結婚」といっても、パートナーが見つかれば、一緒に暮らし、一緒に幸せになっていけばいいのではないか、と思っている。本稿ではあえて「結婚」という言葉を使っているが、それに準ずる関係も含んでいるつもり。

「大人」であることがポイント。その条件を満たした上で、自分にぴったり合う

「運命の人」と結ばれることが理想だろう。

しかし、そんな相手に出会えるのはいつなのか？　これは誰にもわからない。たとえ好きな人がいても、「1＋1＝2」の関係にはならないかもしれないし、下手すると、マイナスになる可能性だってある。だから、最悪の場合は「運命の人」にはめぐり会えないかもしれない、という覚悟が必要だ。もちろん、自立していれば一人でも立派に生きていける。「マイナスになるくらいなら私は一人のほうがましだ」くらいの気持ちでちょうどいいかもしれない。結婚だけが人生ではないのだから。

とはいえ、僕は独身のほうがいいとも思っていない。結婚によって人間はさらに磨かれて大きく成長し、パートナーとともにさらなる幸せをつかめると思う。でも、結婚は平和維持と同じで、たゆまぬ努力が必要なものでもある。上手に長く続けるには、お互いに影響しあい、調整していくことが当たり前。

そう考えると、結婚前に何度も小さな喧嘩を繰り返しておいたほうがいいと思う。

相手がどんなときに怒るのか、何が原因で摩擦が起きるのか、そのときお互い相手にどう出るのか。そして一番大事なことは、相手との衝突やストレスに耐えて、関係を調《ととの》えていけるかどうか。そういうことを把握しないまま結婚するのはお勧めできない。どんなカップルでも絶対いつかは喧嘩する。相手の、猫をかぶらない素顔がある程度わかるまで、結婚前のテスト期間は長く持ったほうがいい。

たとえば一緒に買い物に行ってみる。買い物カゴはどっちが持つのかをチェック。サッと持ってくれるのか、頼むまで持ってくれないのか。

ハプニングも大歓迎。喫茶店でウェイターに水をこぼされてしまったとき、激怒するのか、笑ってやり過ごすのか、パニック状態に陥るのか。

できるだけいろんな場所でデートしたり、毎回違う話題で語り合うように心掛けるのも良策だ。

さらに相手をよく知る秘訣として、二人だけの時間ばかりではなく、必ず別の人と一緒に交流する場をもつこと。普段、二人だけでいるとどうしても自分の良いところばかりを相手に見せようとする。第三者が加わると、いろんなことが起こり、相手の

いろんな側面が見えてくるはず。

「運命の人」かもしれない愛する相手をこんな風に観察するのは、ワナにかけるようで非常に心苦しい。でも、一緒に一生を過ごす約束をしてから「しまった!」では遅い。

そして、一大決心で一緒になるからには、よほどのことがない限り「別れない」というのが、僕にとっては結婚の大前提。たとえ相手が浮気をしても、決定的な性格の不一致が生じたとしても、「別れない」くらいの覚悟でいる。だって「結婚」には、「結ぶ」という字がちゃんと入っているではないか。世界各国の結婚式を見てもわかるように、結婚とは男女が結ばれ、お互いに「拘束される」ようになっている。物理的に縄で二人を縛り付ける儀式だってある。二人は二度と離れない、という象徴的なものだ。

結婚は、決して軽々しく見てはならない。相手を最初にしっかり選んでおかなかったら、結局自分に合わない相手と長いこと暮らし、我慢しなくてはならないから。「万が一うまくいかなくなったら、離婚で解決できる」と思ったら大間違い。どんな離婚にも、かなりの苦労が伴うものだ。

ハンガリー語には「陶器の皿に木製のスプーン」という諺がある。これは、結婚する男女関係を皿とスプーンになぞらえて「誰にだって『ちょうどいい相手』がいる」ということを示している。そして、「時間をかけてでも、その人を探しなさい」とも言っている。

僕はこの諺にプラスαを付けて自分のものにしている。誰にでも「運命の人」はいるが、それは「複数いる『ちょうどいい相手』の中の一人」なのだという考え方。自分が陶器の皿なら、運命の糸で結ばれている相手は木製のスプーン。でもその一本きりではなく、ほかにも石のスプーンや銀のスプーン、陶器のスプーンともきっと結ばれているのではないか、ということ。

これは、僕が気の多い男だと言っているわけではない。「運命の人」と思える人に

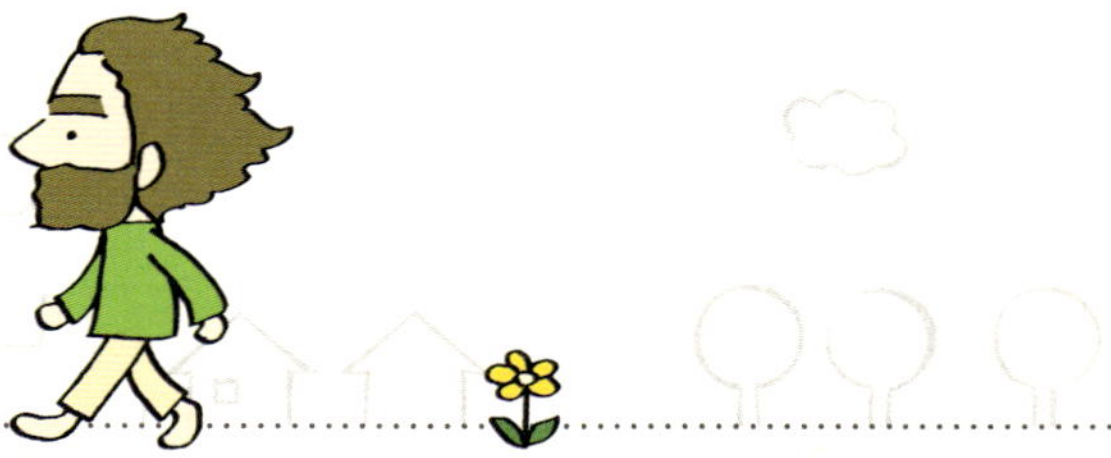

出会っても、舞い上がってしまわない心構えを持っているということだ。そういう人はこの世に一人だけではないと思うと、いま目の前にいる人との出会いを冷静に受け止められると思うのだ。ロマンティックさが損なわれるのは否めないが……。

僕の場合、妻とは何かの縁があったと思っている。間違いなく彼女は僕の「運命の人」だ。しかし、彼女と出会って結婚した僕にも、そして僕と出会って結婚した彼女にも、世の中にはたぶん別の「ちょうどいい相手」がほかにもいた。それは何も日本国内に限らず、それぞれの大陸に一人くらいはいるのではないか、と想像する。「ちょうどいい相手」が多い人は、長野県に一人、島根県に一人という具合に、各地に散らばっているかもしれない。こんなふうに考えたほうが、「運命の人」に出会える可能性が高くなるはずだ。ただ、この考え方にも限度はあるだろう。各市町村に「ちょうどいい相手」が一人ずついると思うのは、ちょっと欲張りすぎかもしれない。

ちなみに、調べてみると、人という字はそもそも二人の人を表現しているわけではないことがわかった。一人の人を横から見た様子を表しているらしい。

「人」とは、まず自分一人で自立して生活するもの。その上で、運命の人をはじめ、他の人々と支え合っていくものだろう。

こんな言葉も参考に

- 平和そうに暮らしている二人の人がいれば、そのうちの一人はきっといい人なのだ（カビル語の諺）
- 人生が教えてくれる。愛し合うということは、お互いの顔を見つめることではなく、むしろ同じ方向を一緒に見つめることだ（サン＝テグジュペリ）
- 自分の足で立つほうが、他者の足で立つよりはいい（アイスランド語の諺）

左多里のつぶやき

人という字の
できあがり方

この手は
「人は何かを求めている」
ということ
なのだろうか。

「人生に
何を求めるか？」
というのは、その人と
一緒にいたいか
どうかを考えるとき
なかなか
重要だと思う。

トニー度診断⑤

【嗜好《しこう》編】

	Yes	No
Q1 15ヶ国以上に行ったことがある		0
Q2 新聞の匂《にお》いが好き		0
Q3 本の帯を栞《しおり》として使う		0
Q4 ちょっと雑談してくれる店員さんが好き		0
Q5 毎日小さな冒険がしたい		0
Q6 本名・顔・年齢がわからない知人が10人以上		-1
Q7 インドカレーではラム肉を選ぶ		0

ミニ診断 トニーマークの数でチェック!

 ＝10個 ………友だちが多そうですね

 ＝6～9個……話題のタネが豊富でしょう

 ＝2～5個……どんなことに関心がありますか？

 ＝1個以下……本当はかなりこだわりがあったりして……

次の診断ページ
➔ P.107
総合診断ページ
➔ P.130

トニー流
幸せを栽培する方法

実の章

01

「黄金律」より「黄金判断力」

Do not do unto others as you would
that they should do unto you.
Their tastes may not be the same.

自分が他人からしてもらいたいことは決して
他人にするな。趣味が違うかもしれないから

ジョージ・
バーナード・ショー

満員電車で席に座れるのは、日常の大切な幸せの一つ。でも、乗っている全員がその幸せを狙っている。紳士でも、運よく近くの席が空いたら、「さぁ、いただき」。でも、お年寄りが乗ってきたら、やはりその貴重な席は譲りたいと思う。これはなにも、「お年寄り優先席」に限った話ではなく、電車のどこに座ってもそう。お年寄りや妊婦、そして身体の不自由な人などに席を譲るのは、なにも深い道徳が働いているというわけではなく、むしろ一種の礼儀だろう。だが、少なくとも僕の場合、その背景には、「自分が人からしてもらいたいことを人にしなさい」という「黄金律」の面影があるる気がする。

「黄金律」はとても古いもので、最古の記述は約4千年前の古代エジプトの書物にある。やがて多くの宗教の聖典に書かれるようになった。形が少し変化しているとはいえ、一つの「人間は何をすべきか」という道徳の基本として各地に定着してきた。ちなみに、日本では「してもらいたくないことを人にするな」（『論語』の「己の欲せざる所を人に施《ほどこ》すなかれ」）が、価値観として染みついているようだ。これも「黄金律」そのものだが、否定文なので、「否定形黄金律」と呼ばれることがある。親が子どもに、「人をぶつのはやめなさい！　自分がぶたれたら嫌でしょ？」と言っているのをよく耳にするが、まさにこれだ。

席の譲り方と言っても、いろいろある。長い間、「自分ならそうしてもらいたい」という考えに従って、立っているのが辛《つら》そうな人にはよく席を勧めてきた。が、せっかく席を譲ろうとしても、座ってくれない場合がある。理由はいくつか考えられる。すぐに下車するからと遠慮している場合。あるいは、ただ座るような気分ではないということだってある。何かをしてもらったことに対して、お返しができないのを辛く感じているのかもしれない。

席を譲ろうとしたのに、「けっこうです」と断られるという経験を何度かして、考えが変わった。立ち上がって直接席を譲ろうとするのを止め、その代わり、もっと間接的に席を空けることにしてきた。名付けて、「戦略的席空け術」。

まず、お年寄りが電車に乗ってきたら、その人と目が合うのをじっと待つ。こちらを向いたら、今度は荷物を手に取り、服を直し、窓の外を見るなどして、とにかく

「降りるぞ」という合図を体で送る。それがきちんと伝わるように、ちょっと派手な演技をする場合もある。相手が、僕の動きにまったく関心を示さない場合は、「座りたくない人」と判断し、芝居をそこまでにして何もなかったかのように、元どおり座り続けることにする。でも、相手が席に対して意欲的だったら、次のステップに移る。

ゆっくり立ち上がりながら、半分独り言で「さ〜て、下りなくちゃ」と軽くつぶやく。お年寄りが他の乗客より先に席に着く保証はないが、なるべくその人の道を空けるようにしながら席を離れる。うまくいけば、お年寄りは無事に席に着く。

こうして席の「交代」を果たしたら、最後のステップ。電車から降りるふりをした以上、その辺でぼんやりと立つわけにはいかない。そこで、下車するかのように出口の近くまで移動して、気づかれないように、思い切って隣の車両へすばやく移動。これで目的達成。席を譲ってあげたのではなく、席を自分で確保できるように少し手助けしてあげただけ。座るかどうかは、本人の気持ち次第だ。

電車の席を譲る、譲らないという問題は、あまり「黄金律」を基準に考えないほうがよさそうだ。「自分なら座りたい」、でも大切なのは相手の気持ち、相手のニーズ。

「黄金律」に従わないほうがいい場合は他にもある。たとえば、苦しむのが趣味のような、いわゆる「マゾヒスト」。「自分がしてもらいたいことを人にしなさい」をその人に実行してもらったら、周りの人の身が危ない。

また、植民地と「黄金律」という歴史上の問題がある。植民地を作る際、支配する側が、自分の言語、習慣、宗教などを支配される側に押し付け、相手の生活習慣や文化を壊しても、「自分なら、我が国のすばらしいものを伝達してもらえたら幸せだから」というような屁理屈を言って、その行為を正当化してきたところがある。

では、「人がしてほしいと思うことをしなさい」に修正したらどうだろう。これも、「黄金律」としては不完全だ。だって怒り狂って誰かを殺したいという人に、望んでいるもの、つまり凶器をあげるわけにはいかないではないか。

「自分が人からしてもらいたいことを人にしなさい」、「人がしてほしいと思うことをしなさい」のどちらも基準にできないなら、ほかにどう考えればいいだろう。

この点、劇作家のジョージ・バーナード・ショーが『超人間・革命家のための格言』

（1903年）で次の言葉を残している。

「自分が人からしてもらいたいことは決して人にするな。趣味が違うかもしれないから」

この言葉は単純で、「黄金律」をわざと茶化しているユーモラスなものだが、意外に的を射ていると思う。「人にどうしてあげるべきか」という問いに対する、一つの答えは存在し得ないということを示唆している。対人関係は複雑で、そしてショーの指摘のとおり、人の趣味はさまざまだ。冷静に考えれば、面倒でも、どう対処すべきかはいちいち状況を見て判断するしかない。

「やられたら、やられた分だけやり返せ」という考え方の「目には目を、歯には歯を」。ハムラビ法典が由来とされているこの言葉も、行動の基準として使われてきた。いまだにそれなりに人気が高い。インド独立運動の中で、マハトマ・ガンジーがこの言葉に対して「『目には目』をずっとやっていれば、人類はみんな目が見えなくなるぞ」と揶揄《やゆ》したとされている。これはどこかショーのやり方と似ている。両氏は、古くから存在するルールを勝手にいじって、人々に軽いショックを与えているのだ。言い換えれば、ジョークを飛ばしている。人々に真面目なことを考えさせながら。

ところでジョーは、「黄金律」に対してだいぶ強い思い入れがあったようだ。これについて名言をもう一つ残している。「『黄金律』なんてない。それが唯一の『黄金律』なのだ」。またもやジョークだ。

「ルールとは破られるためにある」という言い方がある。もしかすると、「『黄金律』とはオチを付けられ、茶化されるためにある」とも言えるかもしれない。

こんな言葉も参考に

- **二人の客人、それぞれ好きな歌が違う**（キクユ語の諺）
- **敵が転んでも祝わない。ただし、再び立つのも手伝わない**（イディッシュ語の諺）

左多里のつぶやき

大切に思う人には
「何かしてあげたい!」って思う。

でも
「してあげられる一番のことは
何もしてあげないこと」
という状況の時も。

1人で答えを出そうとしている時とか
はがゆいけどガマン…
大急ぎで出かける準備してたりとか
バサッ
ボーリングの球を投げる瞬間とか

02 こっそり「一日一善」

ปิดทองหลังพระ

仏像の背中に金箔《きんぱく》を付ける

タイ語の諺

タイでは、寺院を訪れるとお布施《ふせ》として金箔を仏像に貼る習慣がある。日本でいうお賽銭《さいせん》のようなものだろうか。この金箔は小さな金粉のシートで、値段はお賽銭程度。これを買った時点でお布施となる。

仏像に貼って拝むわけだが、見てみると、仏像の表側に貼る人が多いことがわかる。そうするのは、ただただ像の正面に向かって拝むからかもしれない。あるいは顔の付いた仏像の表側のほうが、裏より魅力的だからかもしれない。

しかし、ほかの理由も考えられる。それは、表に貼ると、自分が貼った金箔も、それを貼っている自分自身も、人の目に付きやすいということ。つまり、表に貼るのは、お布施をしたことを、お坊さんとか知り合いの檀家さんとか、とにかく誰かに認められたいという願望が知らず知らずに働いているからではないか。

そこで、「仏像の背中に金箔を付ける」というタイ語の諺。これは、人知れず人助けをしよう、目立たずとも善いことをしよう、と呼びかけているように聞こえる。毎日でなくても、その呼びかけに応えるのは大切かもしれない。

たとえば、大災害が起こって被災地に寄付をするような場合。一個人の善意が大っ

ぴらに公開されるよりは、一人ひとりの貢献がひとつの大きな支えになるのが重要と言える。

そもそも仏像に金箔を貼ることは、多くの人による小さな貢献ということをよく表している。その一枚は小さくとも、たくさんの人によって金箔が貼られた仏像は美しい金色となる。その輝きは、お布施《ふせ》をした人たち一人ひとりの思いそのものなのだ。それを一つのものとして見るには、さりげなく、かつ、こっそりと貼り合っていくのが一番だろう。

また、人を助けるときによく考えないといけないのは、直接的に助けることが一番よい方法であるかどうかだ。瞬時に応対しなくては間に合わない場合を除いては、「助けて！」と言う人がいても、よく話を聞いて自分の状況も考えて、自分がどう動くべきか少し考えたほうがいいだろう。たとえば、その人を助けている人がすでにいる場合。自分の持っている力をその人に託し、間接的にアドバイスしたり、支援したりすることだってできる。

このたぐいの後押しがうまくいけば、助けを求めている人も救われ、そしてその人を助けようとしている人も、計画どおりスムースに自分の目標を達成できる。さらに、間接的に人助けをした自分は、金箔を仏像の背中に貼ったということになる。三者とも満足する話ではないか。もし、複数の人がこうした間接的な支援をしていれば、それは特定の誰かによるものではなく、「みんな」の貢献として捉えられるだろう。「こんなにも大勢の人たちが金箔を貼ってくれたんだな」ということになる。悪い話ではない。

もちろん、自分が行った善い行為を世間に伝えたいときもある。そんなときは堂々と、表側に金箔を貼ればいいだろう。表に貼るのが決して悪いわけではない。個人として、または法人や団体として、人を助けるような事業を起こすこともある。そういう事業はまず、社会に認められることが必要。成功した事業は実績になり、実績があったほうが、次の事業も起こしやすい。逆に言えば、実績がなければ、どんなに善意があっても事業は起こしにくいものなのだ。

仏像の表側にばかり金箔が貼られても、裏側ばかりに貼られても、バランスの悪い

出来になってしまう。そのときどきで、表に貼る人、裏に貼る人がちょうどいい具合にいることで、仏像は全身美しく輝く。

こんな言葉も参考に

- 迅速にお布施《ふせ》をした人は二度したことになる（ラテン語の諺）
- 善いことをしておいて、あとはそれを（忘れて）海に投げよう（アラビア語の諺）
- 自分のものとは、人に差し上げたものだ。人から隠しておくものは、いずれは他者のものになるのだから（カンナダ語の諺）

左多里のつぶやき

「寄付をした」と
誰かが表立って言うことで
「自分もしよう」という意識が
広まることもあるのでは
ないだろうか。

「偽善」とか「売名」とか
「自己満足」って言われても
そして本当に
その通りだったとしても、
どこかで誰かの
パンが買えることに
変わりは
ないはず。

実の章

03

私の幸せ、あなたの幸せ

自利利他《じりりた》

私の幸せはあなたの幸せとつながっている

仏教の教え

幼い子どもを連れて旅客機に乗っているとき、もし気圧が激減して天井から酸素マスクが降りてきたら、あなたならどうする？

子どもは自分で顔にマスクを付けられないので、まずは子どもを先に助けようと考えるのが自然だろう。そもそも自分の命より、人生はこれからだという我が子の命を大切にしたい。

ところが（航空会社にもよるが）、機内で放映される安全ビデオでは、まず大人が自分のことをやってから子どもを助けるよう指導している。理由は簡単。子どもを優先させた大人が、途中で酸素不足になって意識を失ったら、両方とも助かる見込みがないからだ。心苦しく感じられても、少なくとも旅客機の酸素マスクに関して言えば、人に頼られているからこそ、しっかりと自分のことを先にやるのが筋なのだ。

４００年近く前に書かれたあるエッセイの中で、哲学者のフランシス・ベーコンが、「人助けのやりすぎというものはない」と主張していた。

本人のいないところで反論するのは行儀悪いが、これにはちょっと異議あり。ボラ

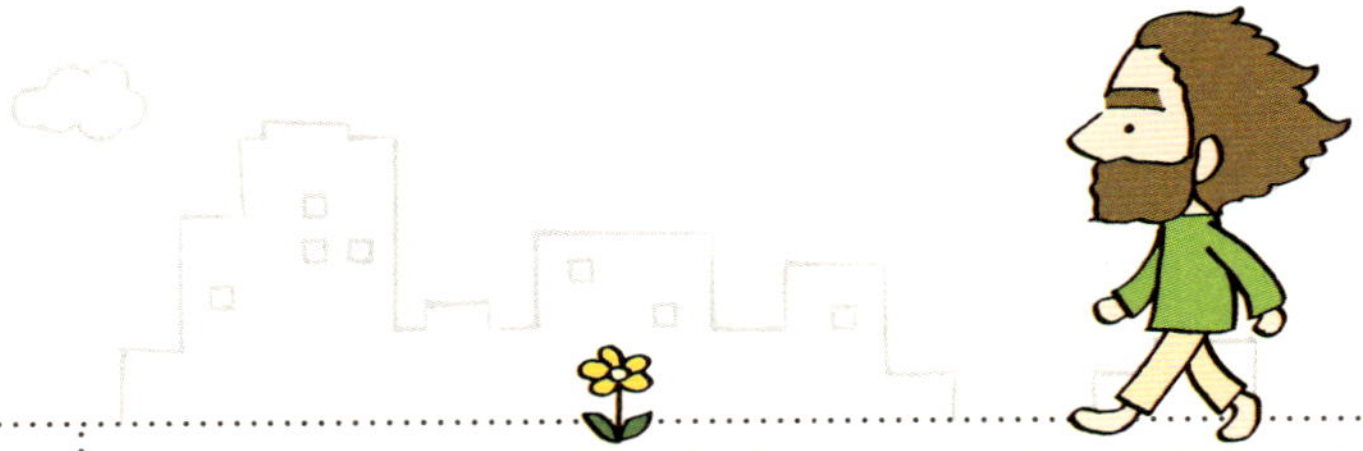

ンティア活動の現場で、人助けをやりすぎて私生活がダメになってしまった人を目の当たりにしてきた。誰でも、被災地や病院などで、緊急救助を必要とする人々の姿を見れば、確かに心を動かされる。でも気をつけないと、栄養も睡眠も十分摂らず、体を壊してしまう。ミイラ取りがミイラになってしまっては、事態が逆に深刻化する場合もある。人が良すぎるとは、たとえばこういうことを言うのだろう。

ベーコンのこの発想の東洋版ともいえる「滅私奉公《めっしほうこう》」（自分を完全に犠牲にしてまで公のために尽くす）も、同様に聞こえがいい。でもよく考えれば、本当に自分を滅した人は、他者にあげられるものはないのではないか。

僕にとっては「自利利他《じりりた》」という仏教の教えが、人助けをするためのより良い方法を示している。

『広辞苑』をひくと、この言葉の定義は次のようになっている。「自ら仏道の修行をして悟りを得るとともに、他人に仏法の利益を得させること」。仏教用語なので、

「利」を、最大の利益ともいえる「悟り」として捉えている。

「悟れたら」と思うこともあるが、修行歴がほぼゼロという今現在の僕には、悟りを開いて、さらに人にも開かせるようなことはとてもできない。そしてできる日がくるかどうか、これもわからない。なので、だいぶ勝手だが、「利」を「悟り」ではなく、僕にも手の届きそうな「幸福」と考えている。つまり「自利利他」を、「自分のことを考え、他の人のことも考える」というふうにとらえているのだ。

自分がボロボロになるまで毎日人助けばかりしている人がいる半面、正反対の人もいる。自分の利益だけを追求して、他の人の幸福に貢献していないような人。その中には、本当に欲望におぼれ、周りの人の利益をまったく考えていない人もいる。

しかし、そのような人よりなお多いのは、他者のために何かをしたいのだけれど、とりあえず自分のことを考えることで精一杯という人。この人たちは、「今は親孝行できないが、いつか必ず何かしたい」と思っている人と立場が似ているかもしれない。

親孝行にしても、それが実行できるに越したことはない。でも、「してあげたい」という気持ちが口先だけではなく、本当の気持ちであれば、それだけでも美しく生きたことになると思う。「利他」したいが、なかなかできない人も同じ。そんな人たちのためにも、「自利利他《じりりた》」はいいキーワードになる。「利他自利」のように「利他」を先に持ってくると、大きな人助けをいつも考えなくてはならず、できないとフラストレーションがたまるだろう。「利他」†が後ろにあることで、「あまり無理することなく」人助けを考えられる。

私の幸せはあなたの幸せとつながっている。誰もが「自利」で忙しい。それでいい。しかし、「利他」も決して忘れてはならない。それは、できるときに、できる程度で、できる方法でやればいいものだ。

†：ふつうは「自利」と「利他」の順序など考えず、2つで1つと捉えるのが一般的。「自利をしていけば、それがそのまま利他になる」と説く人も、「利他をすることこそが自利である」と説く人もいる。

こんな言葉も参考に

- 後を歩くな、私が導くとは限らない。前を歩くな、私が従うとは限らない。真横に付いて、一緒に歩こう（ウト語の諺）
- お人よし、お隣さんには「アホ」呼ばわり（オランダ語の諺）

左多里のつぶやき

「自利利他」のひとつのカタチが
「発明」なのでは？

大きくとらえますと…

自分が不便だと思ったことを
解決することで
他の人も便利になるという。

私も何かあるたび発明できないかなーって考えてるんだけど…
なかなかねぇ
それは特許で一獲千金を狙ってるんじゃなくて？
うう〜ん
全然〜〜
利他利他〜〜

トニー度診断⑥

【日常編】

	Yes	No
Q1 絶対にやめられない癖が2つ以上ある		0
Q2 自分の電話番号や住所を覚えていない		0
Q3 TVのリモコンでいちばんよく使うのはミュート（消音）機能		0
Q4 ゴミ出しをしては、つい散歩したくなる		0
Q5 自分の誕生日を祝うのを忘れたことがある		0
Q6 朝は目覚まし時計で起きる	0	
Q7 仰向けになって水に浮くことが得意	0	

ミニ診断 トニーマークの数でチェック！

＝10個 ………暗記力より考察力ですよね

＝6〜9個……家のカギだけはお忘れなく

＝2〜5個……休みの日はもう少しのんびり？

＝1個以下……「ちゃんと、キチンと」がモットーですか？

総合診断ページ
→P.130

04 愛するために生まれたのだ

Es ist wahr: wir lieben das Leben,
nicht, weil wir an's Leben,
sondern weil wir an's Lieben gewöhnt sind.

命を愛するのは、
生きることに慣れているからではなく、
愛することに慣れているからだ

フリードリヒ・ニーチェ

２００1年9月11日、午前8時45分。ニューヨーク市マンハッタン島南端に近い世界貿易センタービル・北棟の96〜１０３階に、一機の航空機が衝突した。「同時多発テロ事件」の始まりである。

そのとき、僕はハドソン川を挟んで事件現場から数キロ離れたニュージャージー州にいた。空に黒煙が立ち昇るのが肉眼で確認できた。航空機が世界貿易センタービルにぶつかったと人に知らされたとき、当然事故だと思っていた。だからこそ、二機目が南棟の真正面に突っ込んだ映像は、記憶に深く刻まれてしまっている。事故ではなく、何者かが故意に行った行為だ。その瞬間、その事実に気づいた人は皆、大変なショックを受けただろう。

ニューヨーク近辺の住民をはじめ、貿易センタービルで働いている親族や友だちがいる人は、最初のショックがすぐに恐怖と心配に転じたはず。

「あの人」は無事なのだろうか……？

僕の場合、心配なのはパートナーの左多里だった。その日、彼女は友だちのアパートに滞在し、あのマンハッタン島にいた。現場から少し離れた場所ではあったけれど、万が一のことを考えて安否を確認したかった。

多くの震災の場合と同様、事件が発生すると一斉に誰もが電話を使おうとするので、たちまち通じなくなった。僕はいち早くかけようとしたので、幸い通信網がつぶれる前に彼女と連絡が取れ、無事を確認することができた。事件が起きてからすぐ、マンハッタン島への道路や線路は完全に封鎖されてしまい、外からは彼女の居場所に駆けつけられない状態だった。もし、あのとき電話が通じなかったら……。安否の確認もできないまま、丸一日は心配し続けることになっただろう。

僕らは、事件が起きたあの日の午後、マンハッタンで待ち合わせて街を歩く予定だった。事件の巨大さや残虐さに圧倒されていたせいか、後にならないとピンとこなかったが、左多里は世界貿易センタービル屋上の展望台にも上りたいと言っていた。ということは、もし数時間早く出かけていたら、あるいはもしあれが数時間遅く起こっていたら、犠牲者になっていたということだ。亡くなった何千人もの人々を供養しながら、自分たちが地上に残されたことの意味を考える。

あの事件の後、僕は「命を愛するのは生きることに慣れているからではない。愛することに慣れているからである」というニーチェの言葉を思い出していた。

人間は、あまり深く考えなくても生きていける。適当に食べて飲んでいれば、心臓、肺、腎臓などが勝手に動き、それぞれの体液が循環してくれる。そうして、生きるのはごく自然で当たり前になり、「生きることに慣れた」ということになるのだろう。

僕は若いとき、自分が生きているということに対して、特別に感謝の気持ちを抱いてこなかった。「感謝すべき」とたびたび人に言われても。どうせなら死ぬよりは生き続けたい、くらいのことは思っていたかもしれないが、命を愛していたかといえば、違うと思う。命を愛するようになったのは、大人になってからのことで、ニーチェが言うように、愛に慣れるようになってからだ。さらに厳密にいえば、「愛すること」

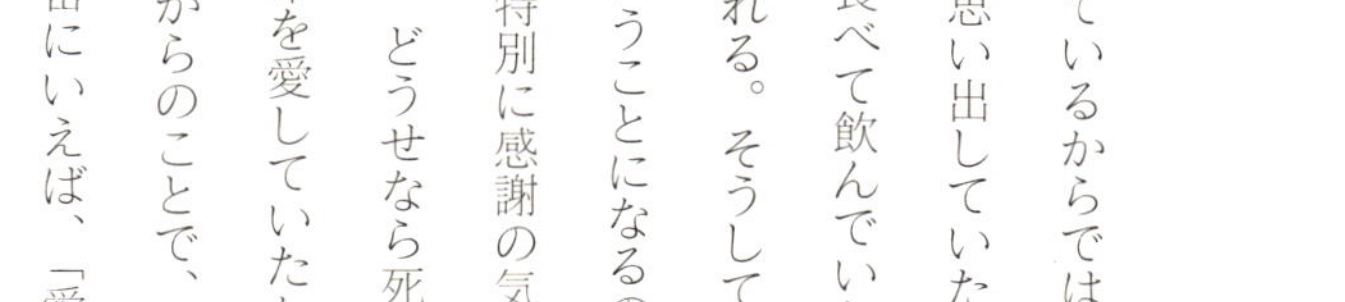

に慣れてからだ。誰かに愛されている人も、もし死ぬかもしれないような体験をしたら、「愛されているから死にたくない」と思うかもしれない。しかし、「誰々を愛している」と言える人なら、死に対する抵抗、そして生きることに対する願望はより一層強いものになるだろう。

人間は皆、子どもとして出発し、両親、家族をはじめ、周りの人に愛されながら大きくなっていく。しかし、命を本当に愛するようになるのは、自分から人を愛せるようになり、さらにどうしても愛し続けたいと思うようになってからだ。そんな気がする。

あの日、僕は本当に命を愛している自分を知った。

こんな言葉も参考に

- **この贈り物は些細なものだが、愛が込めてある（マオリ語の諺）**
- **人に喜びを与えたとき、得るものは馬で運べないくらい巨大だ（ゾンカ語の諺）**

左多里のつぶやき

テロ事件が起きた時
マンハッタンを歩いていて
一番辛かったのは
たくさんの「たずね人」の貼り紙。

人は人を必要としているんだな、
と、改めて思った。

「いつか」じゃなく、「明日」じゃなく、
「今日」、ありがとうって
言っておきたい。

05

平和は訪れるのを待つものではない

トニーの胸の内

一説によれば、人は微笑《ほほえ》んだだけでも少し機嫌がよくなるとか。快感をおぼえさせるβエンドルフィンという物質が体内で分泌されるからだ。その笑顔は本物である必要もなく、作り物でもいいらしい。

僕は、人の怖い顔より、笑っている顔を見たいほうだ。なるべく微笑んで微笑まれたい。しかし、この人工的な方法を使って、自分の体を騙《だま》してまでハッピーになりたいとはあまり思わない。悲しいときは悲しい顔、落ち込んだときは落ち込んだ顔がちょうど似合う。微笑みが顔に自然に浮かぶのが、精神的にも健康的にも一番いいだろう。笑顔を無理矢理作るよりは、むしろニコニコする条件を作りたい。

幸せと同じように、安易に手に入れようとしてはならないのは、平和だ。

人間社会の平和を考えるには、まず動物を見ればいいと思う。野生の世界は、時にとても「平和的」に見えることはあっても、その実、弱肉強食が徹底した過酷な世界だ。同じ種類の動物でも、縄張り争い、エサの奪い合いなど、いたるところで日々絶

え間ない衝突が繰り返されている。生き物がグループを作って、別のグループを排斥する。決して平和とはいえない。野生動物の日常には常に緊張の糸が張り巡らされている。

そして、人間だってそもそもは動物。こういった本能からすぐに抜け出せるほど偉いものではない。相手を威嚇し、緊張して警戒し、摩擦を起こして場合によっては攻撃をしかける。そして、今は人口の増加に伴って、水や土地といった基本的資源をめぐる争いが増える傾向にある。

平和とは複雑なもので、考えただけで疲れてくる。しかし、幸せを語っていると、これは避けて通れない課題だ。僕が今思っていることをいくつか書き留めておこう。

①平和とは、人間が作って維持するものだ

あちらの紛争が解決されれば、今度はこちらの紛争が勃発する。人間社会にはいつまでたっても平和はやって来ないように感じられる。だけど平和は、どこかから自然に「やって来る」ものではない。ユネスコの憲章にも似たことが述べてあるが、平和は人間の心の中でまず実現し、維持せねばならないと思う。なぜなら、戦争もそこで作られているのだから。

②人間は平和作りの成績がすごく悪い

人類として今まで本当の平和を味わったことは一度たりともなかったのではないだろうか。20世紀の戦争やその他、虐殺などによって少なくとも1億から2億くらいの人が死亡していると考えられている。21世紀になっても、各地で戦争や紛争などが毎年起こっている。前世紀の記録に肩を並べるか、あるいはそれを上回ることが十分懸念される。

③戦争と平和は、身近にある

家族間、友人間といった小さな世界でも、戦争のようなことがときどき起こる。平和を考えるには、なにも壮大な世界情勢ばかり考える必要はないだろう。身近な人間

関係を円満にすることから始まってもいいかもしれない。

日常生活の中で、人に対して怒るのはごく自然なことだ。でも、人をいじめたり排斥したりするのは、自分の小さな世界の中で「平和」から遠ざかり、「戦争」に近づくことになる感じがする。

「罪を憎んで人を憎まず」という言葉がある。人の言動がたとえ「罪」というほどのものでなくても、批判に値すると思えば、批判してもいいと思う。でも、人を憎んではならない。どんな人にでも、数多くの側面がある。とことん悪そうに見える人でさえ、基本的には人間として評価できるところが必ずある。わざわざ評価できる点を見つけて評価しろとまでは言わない。しかし、人を「悪い」とか「ずれている」などと決めつけ、全人格を否定するようなことをすれば、理性のある「人間の自分」がどこかへ飛んでいって、「動物の自分」というレベルに陥ってしまう。それは避けたほうがいい。

平和について忘れてはならないことがもう一つある。世の中は、平和を望んでいる人ばかりではない、ということだ。「はい、仲良くしましょう」と言っておいて、スキあらば襲ってくる人がいる。また、「平和のための戦争」という矛盾した行動に出る人もいる。なぜ平和でなく戦争を選ぶのかといっても、答えはさまざまだろう。復讐、不安、そして名誉や富などへの欲望だったりする。あるいは単なる戦争好きという場合もあるかもしれない。

さらに、「戦争はいいことだ」とか「戦死は美しい」という考え方まである。小規模の戦争が多かったこともあって、昔、各文化圏でそう唱えていた人がいた。でも、今もなおこれを信じている人がいる。

理由はともあれ、平和を望んでいた人でも、攻撃をされれば、自分の姿勢を弱点だと感じ、たいていは仕返しをしたくなってしまう。その結果、誰にとっても平和を望むのが難しくなってくる。

平和はいぜんとして、人類にとって遠くにある幻のようなものに見える。こういう悪循環に引っかかっているのが、その大きな理由ではないだろうか。

それでもヒトには、道徳や論理という高い知性が備わっていることを忘れてはならない。もっともっと進化して、平和を手に入れるコツをつかむ日がくるのを祈る。そのくらい、楽観主義者でありたい。

こんな言葉も参考に

- 一緒になって火を焚《た》かない人々はすぐに敵にやられる（トゥゲン語の諺）
- 「平和」と言っただけで、それが手に入るわけではない（ダリ語の諺）
- 刀に名誉をもたらすには「使わない」こと（ウェールズ語の諺）

左多里のつぶやき

ある日、屋台をひいている
おじいちゃんが、段差でよろけていた。

トニーを含め、2〜3人の
通りがかりがサッと助けた。

家族や友人じゃない、
「見知らぬ人たち」にも
優しくできれば、もう少し
平和が近くなるかなぁ…。

06
どうぞ、ご一緒に

بازآ بازآ هر آنچه هستی بازآ
گر کافر گبر و بت پرستی بازآ
این درگه ما درگه نومیدی نیست
صد بار اگر توبه شکستی بازآ

来なさい、来なさい

スーフィーの詩

来なさい、来なさい。誰であっても。
たとえあなたが、異教徒、拝火教徒、偶像崇拝者であっても。
我々のこの集会所は絶望のところではないのだから。
たとえ百回も誓いを破ってきた者であっても
さあ、皆来なさい。

（スーフィーの詩）

残念なことに、異なる信仰を持った人々が対立し、長い歴史の中で戦争が繰り返されている。

普通は「宗教問題」として片付けられてしまうが、よく考えれば、それぞれの信仰そのもの、あるいは信仰においての違いそのものがいけないのではないはずだ。「私たちの信仰が一番だ」という考え方にしても、優越主義につながりやすい発想だとはいえ、そう酷《ひど》い問題ではないと思う。激しい対立と紛争の本当の原因はむしろ、「私たちの信仰が一番だ」とした上で、「ほかの人たちは皆間違っている」と決めつけて

しまうことではないだろうか。自分がなんでも正しく、他の皆はなんでも間違っていると思っていると、その「他者」を見下すことになってしまいがちだ。

「他の人は皆間違っている」というこの発想に対抗するのが文頭の詩の思想だと思う。「誰であっても皆来なさい」。この平和的で寛容な精神は、国や思想そして民族の垣根を超えて、すべての人々を受け入れている。

この詩の出典ははっきりしないが、一般には、今から約８００年くらい前に、アナトリア地方にあるコンヤ（現在のトルコ）に生きたペルシャ人思想家、ルーミーのものだと考えられている。彼は、ペルシャ語で書かれた2万句以上もの美しい詩を残したことで有名だ。

ちなみに、本稿で紹介した詩は、ルーミー（フルネームは「モウラーナー・ジャラールッディーン・モハンマド・バルヒー・ルーミー」）よりさらに２００年くらい遡るものだという説もある。しかし、彼が作った詩ではないにしても、愛用していたことは間違いなさそうだ。

さて、ルーミーは、この詩を通じて人々を招いているのだけれど、具体的にどこへ「来なさい」というのか。僕の印象としては、これはそう重要な問題ではない。壮大な活動をしているわけではないのだから。ただ、「少しだけ一緒に時間を過ごしませんか?」という程度の呼びかけをしているように感じる。

ルーミーの詩を読んでいると、「宇宙は愛に満ちている」というようなメッセージが多いためか、彼の言っていることに反論しようにも、あまり反対する余地がないように思う。誰かが仮に「世界はそんなに単純じゃないぞ」と思っていたとしても、彼の詩を読んで怒りが湧くわけではない。むしろ、しばらくルーミーの話に耳を傾けてもいいという気にさせられてしまうだろう。

勝手な想像だが、この集まりに参加できたのは、大きく二種類の人たちだろう。何か強い信念を持っていて、他の価値観に触れても自分を決して見失わない自信があった人。または特に絶対的な何かを信じることもなく、自分の価値観をその都度調整できていた人。

いずれにしても、こうした集まりでは、自分とは価値観が大きく違う人たちと時間を共にすることになる。自分も、それだけの勇気と柔軟さを持ちたいものだ。

ルーミーはもうこの世にいないが、今でも彼を慕う人たちはいる。イスラム教神秘主義「スーフィー」の一派、トルコを拠点とする「メヴレヴィ教団」である。「セマー」という舞いをすることで特に有名だ。「セマー」は、「スーフィーの旋回瞑想法」や「スーフィーの旋回舞踊」とも呼ばれている。踊り手は、長いスカートのような服を着て、細長い帽子をかぶる。左足を軸にして、右足で地面を蹴る。そしてそのまま半時計回りにひたすら回る。体が気持ちよさそうにゆっくり回っていく。両手を伸ばして旋回していると、スカートが舞い上がってくる。どことなく、浮いているか、あるいは飛んでいるかのようにも見えてしまう。首が傾き頭が少し斜めになってくることもあってか、実に幸せな感じだ。こうして回るダンスをはじめて行ったのは、ルーミーだったそうだ。一説では、彼は恩師を亡くした悲しみがきっかけで旋回しはじめたとも言われている。

この儀式は、今もトルコのコンヤという町をはじめ、世界何ヶ所かで見ることができる。踊り方のルールも様々だ。あるグループの場合、半時計回りが基本だが、気持ち悪くなったら、時計回りに変えてもいい。目が回って、どうしても転んでしまう場合、うつ伏せになって休むようにすべき、となっている。でも、それも難しいという人は仰向けでもいい。これも、ルーミー流なだけに融通がきくのだ。

寛容な心を持って、さまざまな垣根を越えて多くの人の声を聞き、自分の人生に当てはまるものを見つけて調整していく。どちらが正しいと決めつけるのではなく、どっちもありかもと考える。「さあ、誰であっても来なさい」。ルーミーは「共存」のためのお手本の一つを見せてくれているような気がする。

さて、僕もここで筆を擱《お》いて、ちょっと回ってみようか。

こんな言葉も参考に

- 正義の人、そして不正義の人にも同じ雨が降ってくる（ホピ語の諺）
- どうぞ、私の家を自分の家だと思ってください（スペイン語の諺）

左多里のつぶやき

トニーは 割と たくさんの人と
つきあいがあるタイプ。

初対面でも
いろんな話題を出して、
相手も自分も 興味のある話を
探してみるという感じ。

それが見つかれば 楽しく
お互いに 有意義な 時間になる。

そうするには
自分がいろんなことに
興味を持ってないと
むつかしいのですが…

↑結構、挟い。

「セマー」

トニー度診断⑦

【総合診断】

P.31、53、59、67、84、107の各診断で集めたトニーマークの数を円グラフに書き込んでみましょう。
あなたとトニーさんの似ているところ・違うところが見えてきますよ。

①【言語編】

⑥【日常編】　②【パソコン編】

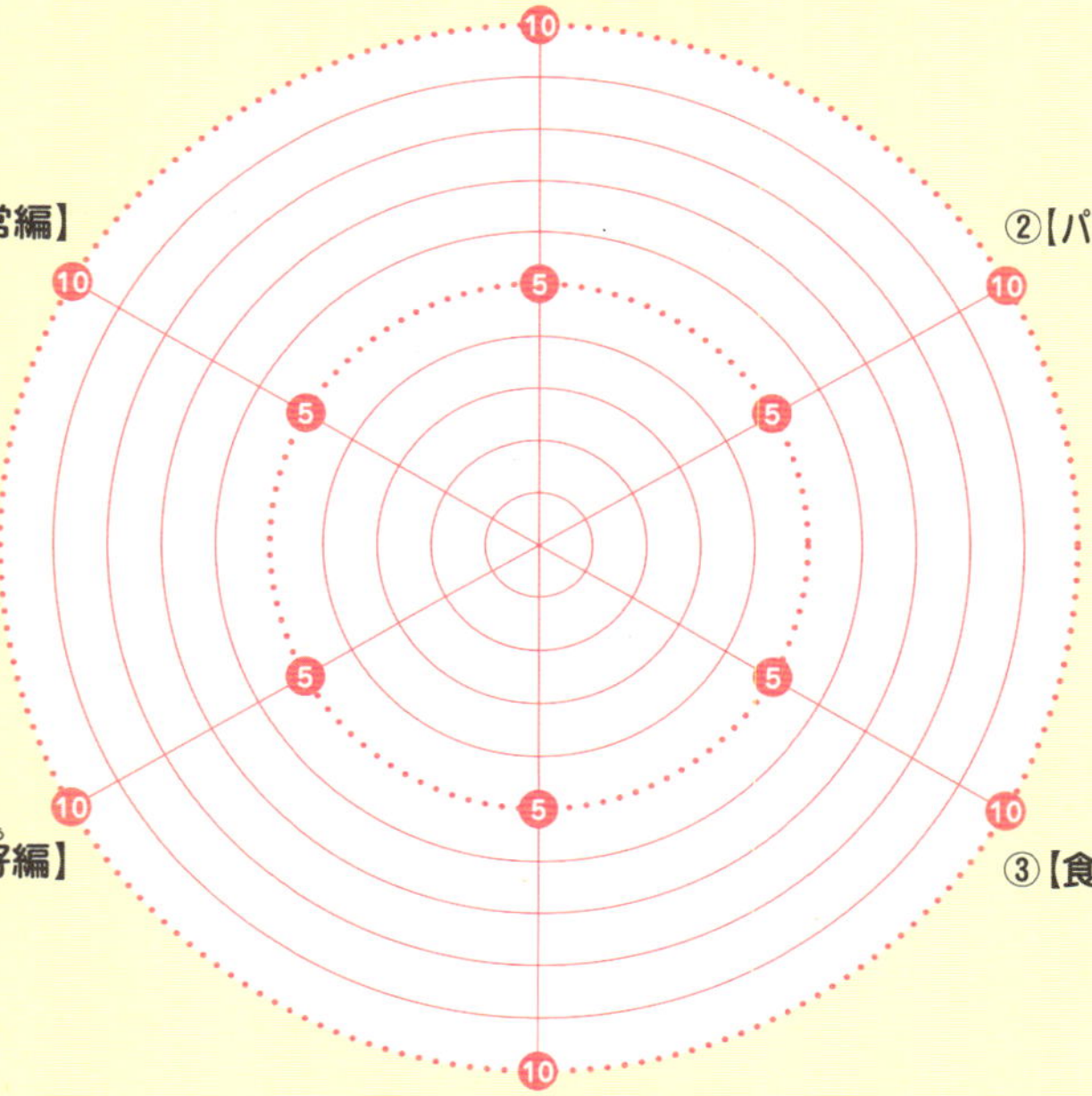

⑤【嗜好《しこう》編】　③【食べ物編】

④【身だしなみ編】

総合診断　①～⑥の診断で得た、トニーマークの数の合計でチェック!

＝50～60個　あなたのトニー度は最高!　前世で似たもの親子だったかも!?

＝31～49個…トニー度はなかなか。共感できる部分が多いのでは!?

＝12～30個…トニー度はまあまあ。共通点を増やす努力は、しなくていいと思います。

＝11個以下　…トニー度低し。でも落ち込む必要なし。あなたの個性を大切に!

あとがき

本書を、妻の小栗左多里に捧げる。
と決心して書き始めたが、本人がイラストを描き、一緒にタイトルも考えてくれたので、「捧げるのもなあ……」と思い、代わりにみかんを買ってきてあげて「いつもありがとう」と言った。

この本は、「芽の章、樹の章、実の章」と三部構成になっている。お気づきのように、「種の章」がない。便宜上そうなったのではと思われるかもしれないが、いや、それは違う。ちゃんとわけがある。生まれたとき（あるいはそれより前から）、僕たちには「芽」がすでにできているはず。両親や先祖が、幸せを、種からすでに発芽させてくれているからだ。そのお蔭《かげ》で僕たちは、これからまさに空へ伸びようとしている立派な芽を自分のものとして受け取って、育っていけばいい。幸せな話だろう？

本書を出版する機会を作ってくださったソフトバンク クリエイティブの皆様に心から謝意を表したい。最初の企画書には、編集担当である瀧澤尊子さんの微笑んでいる似顔絵が描かれていた。最初から最後まで、その絵のままの笑顔でいて下さったことに厚くお礼を申し上げたい。

トニー・ラズロ（Tony László）

ハンガリー人の父とイタリア人の母の間に生まれ、米国に育つ。自他ともに認める語学好き。1985年より日本を拠点とするライター。英語と日本語で文章を書く傍ら、1994年から多文化共生を研究するNGO「一緒企画（ISSHO）」を運営。著書に『ダーリンの頭ン中』（メディアファクトリー）、『さおり＆トニーの冒険紀行　ハワイで大の字』（ソニー・マガジンズ）などがある。
http://talking.to/tony/

小栗　左多里（おぐりさおり）

岐阜県生まれ。著書に『ダーリンは外国人①～②』、『ダーリンの頭ン中』（メディアファクトリー）、『英語ができない私をせめないで！』（大和書房）、『精神道入門』（幻冬舎）、『まじょてん①～②』（ヤングユーコミックス）、『母に習えばウマウマごはん』、『さおり＆トニーの冒険紀行　ハワイで大の字』（ソニー・マガジンズ）などがある。
http://ogurisaori.com/

トニー流《りゅう》 幸《しあわ》せを栽培《さいばい》する方法《ほうほう》

2005年12月8日　初版第一刷発行

著者	トニー・ラズロ
画	小栗 左多里
発行者	新田 光敏
発行所	ソフトバンク クリエイティブ株式会社 〒107-0052　東京都港区赤坂4-13-13 電話：03-5549-1201（営業部） FAX：03-5549-1237（編集部）
印刷・製本	共立印刷株式会社
アートディレクション	渡辺 縁
本文デザイン	湯川 安芸子
トニー度診断制作	江幡 育子
協力	青木 健 佐々木 あや乃 イラン大使館 アレフ・ゼロ（小作 博紀） 玉谷 恵利子・張 鮮華・菊池 優（順不同）

乱丁本・落丁本は小社営業部にてお取替えいたします。
定価はカバーに記載されております。

本書の内容に関するご質問などは、小社第2編集部まで、必ず書面にてご連絡いただきますようお願い致します。

Printed in Japan ISBN4-7973-2763-4